我主修傷心的戀愛

為何越受傷，越想愛；
越被愛，卻越想逃？

二村仁——著
林仁惠——譯

推薦序①

我們與渣男的距離，比妳想像還要近

——瑪那熊　諮商心理師／約會顧問

總能在新聞上、生活中、八卦裡聽見渣男劈腿、偷吃、甚至呼朋引伴來個「多人運動」的故事。為何渣男要做出這些事情？他們會告訴妳各種（光怪陸離）的理由：「我不想傷害任何一方，所以兩人都選」、「我無法放棄其中一個，所以只好都交往」、「我不是故意的，自己也很痛苦」。

究竟渣男是如何煉成的呢？本書作者給了很深刻的分析：這些渣男透過可以跟許多女性發生關係，來填補內心空洞。有的空洞，住著來自童年時期自卑的小男孩；也有空洞，源於生活或工作的不順遂，希望自己能在某個領域「贏過」其他人；甚至某些空洞，來自對女性的失望與憤怒，想藉此報復。

那麼，為何有些人甘願成為渣男豐功偉業的一部分，化作他們填補空洞的拋棄式原料呢？作者提到，當我們有著「無法自我接納」的空洞時，就容易挑選不愛自己的人，並「允許」對方一而再、再而三地背叛與傷害我們。

「我想讓他脫離渣男的生活。」
「他內心的空洞，由我來填補。」
「他會因此感謝我、愛上我，一起走下去。」

於是，我們主動坐上了拯救者的位子，幻想自己能改變、糾正眼前的渣男，期待對方最終選擇我、因為我而浪子回頭定下來。我們想擁有的，其實不是這個男人，而是一枚看似可填補內心空洞的榮譽勳章，用以證明「我很棒」、「我有價值」、「我值得被愛」。

在愛情中，我們與渣男各取所需，相互填補彼此的空洞。難怪作者把話講得很直，兩人不過是在「利用」對方。要脫離爛桃花、不讓自己總在愛情中受傷，得從最根本的「自我肯定」與「自我接納」開始。本書作者用精闢的眼光切入，帶妳從不同層級的格局，看清楚愛情是怎麼一回事。閱讀的過程，也像是個「排毒」並重新建立自信的旅程，幫妳抓到真正值得付出、有意義的幸福關係。

推薦序②

親愛的，準備好從「傷心的戀愛」中畢業了嗎？

——蘇予昕　諮商心理師／《活出你的原廠設定》作家

曾經，我也談過一場傷心的戀愛。

某天深夜，他在電話中說：「我沒辦法再這樣下去了，乾脆分手吧。」我錯愕、震驚地問：「為什麼？我們不是好好的嗎？」

帶著滿心的問號與不解，憤恨地認定，他劈腿了、他喜新厭舊了、他覺得我不夠好……我得把自己過得更好，讓他後悔！但內心的黑洞深處，卻不時傳來陣陣回音：「再也不會有人愛我了……」

多年之後，經過大量的心理探索和內在碰撞，我終於理解，曾經以為「我們好好的」並不存在，更多的是我的「自戀」蒙蔽了雙眼，讓我以為他跟我一樣滿意，卻沒發現他每天細微的轉變。

我也以為把錯都怪給他，比較容易復原；沒想到，當我真正回過頭，認識自己、接納自己、原諒自己之後，才走出了失戀的傷痛，進入下一段關係，並將那回戀愛的血淚化為養分，如今想起他時，只有滿心的感謝。

初見《我主修傷心的戀愛》這本書，立刻吸住眼球的是作者成人片導演的身分，緊接著是日方推薦人「上野千鶴子」，這名字讓我差點尖叫出口，因為她的《厭女》一書堪稱當代我最熱愛的著作，基於這些虛榮的理由，便一口答應成為推薦人。

而這本書的內容更是和我共鳴不斷、點頭如搗蒜！

我和作者都認為，無論你是想找到靈魂伴侶、渴望功成名就、抑或順暢過一生，「自我接納」都是你的首要之務。我認為的接納，不是自我感覺良好，而是即便那個讓你「感覺不好」的內在黑洞，你也願意勇敢地直視它們，並找到它們存在的意義。沒有任何一個黑洞需要被你拋棄，據作者所言：「你的魅力也是來自於此。」

想談一場好的戀愛，務必先運用這本書，和自己來幾場深刻的約會。當我們將自己的光亮與黑洞、內在男性與內在女性都好好地愛回來，你才能和同樣接納自己的他相遇，從此擺脫痛苦戀情的無盡循環。

最後，分享本書中我最喜歡的一句話——戀愛並非是為了「得到對方」，而是為了「認識自己」。

親愛的，準備好從「傷心的戀愛」中畢業了嗎？

序言

妳是否經常「不小心愛上不懂得珍惜自己的人」，或是「對那些表明喜歡自己的人，不知為何就是沒有好感」？

妳是否曾有過「我討厭自己……可是，卻又很喜歡這樣的自己」的念頭？

無法順遂的戀情、難以開花結果的關係、遲遲遇不到好的對象，或是因對自己的好惡而導致心煩意亂，其實都是有跡可尋。

這並不是因為妳「男人運差」或「個性差」，也不是妳「沒有魅力」。原因沒有這麼單純。

當然，這也不是「妳一個人的過錯」。

這個祕密不止深藏在妳內心深處，也深藏在男人們的內心深處，以及妳童年時期與父母親的關係之中。說得誇張點，這也深藏在「何謂女人」、「何謂戀愛」的問題之中。

我是成人影片的導演，專門拍攝女性憑著自我意志在情色上有積極表現的影片。

多年前，我接受某著名女性雜誌性愛特輯的採訪，內容為「傳授既可讓男性感到愉悅，也可讓女性享受其中的性愛技巧」。

對方相當認真採訪，將我所說的話如實地撰寫成文章。然而，當我翻閱出刊後送來的雜誌，卻感到不大對勁。

包含我的談話在內，該份性愛特輯整體充滿著「努力達成不讓男人玩膩、不讓自己被拋棄的性愛」的氛圍。

這能叫做「兩人相愛，享受性愛」嗎？

從那次之後，我便不自覺地開始留意起以女性為對象，「探討戀愛、婚姻及性愛相關議題」的文章。

讀得越多，就發現文章裡必定都會寫到「招來桃花的穿搭」、「戀愛中的女人最美麗」或「受歡迎的祕訣」等內容；然後，卻沒有一篇文章提及「如何成為一個能夠好好去愛的女人」。

某個網站還曾經向女性網友建言：「只要擁有高竿的口愛技巧，男友就不會劈腿喔！」

事實上，即使女性擁有高竿的口愛技巧，再怎麼努力展現大膽的床上功夫，會劈腿的男人也不會停止劈腿。反倒是「為了取悅男人而做愛」的女性更容易被劈腿。

為了從男性那邊「獲得愛」而勉強自己，結果導致對方不懂得珍惜，這形同是自己遭致自己「被隨便對待」。

而這般矛盾之中，其實也深藏著妳戀愛苦惱的祕密。

妳會感到苦惱，並不是因為妳不好。

但遺憾的是，這也不是其他人可以任意插手解決的事。

本書將逐一解明戀愛苦惱的謎題，成為讓妳能夠感受到幸福的幫助。

妳毋須自責「我是個糟糕的女人……」，也不用表現出會引起周遭側目的「莫名正面態度」，請恰如其分地打從心底享受與心儀對象之間的戀愛和性愛，以及妳自己的人生吧。因為人生是無法重來的。

二村仁

寫給男性讀者的前言

本書是為對戀愛和性愛有所煩惱的女性而寫，不過對於常喜歡上這類女性、**老實笨拙又沒什麼異性緣的男性（A）**，以及總讓這類女性受苦，卻又持續和她們維持性關係，並開始思考「如果再不從這樣的關係中畢業轉大人，自己的人生也會完蛋……」**不老實卻很受歡迎的男性（B）**，也很有幫助。

你（A）為何會喜歡上她的解答，以及能否「讓她幸福」的關鍵，都寫在本書之中。

除此之外，像**你（B）**這樣的壞男人為何會讓女性如此「迷戀」的答案，以及你能否脫離自身孤獨感的關鍵，也都寫在本書之中。

選選看，妳／妳朋友主修傷心的戀愛嗎？

「這就是在講我！」「這個講的就是她！」如果有符合的描述，請先閱讀「↓」所指示的章節。

描述	↓
總是不小心喜歡上不愛妳的人。	1-1
喜歡「優質的男人」。	1-2 2-4
對妳有好感的總是只有無趣的男人。	1-3
時常會放任另一半。	1-5 9-3
覺得自己是個難搞的女人。	2-3
明明是妳先喜歡上對方才交往，但一旦對方對妳也有好感，就會對他失去興趣。	2-4

好不容易跟渣男分手，結果又不小心喜歡上同類型的男人。	3-1
沒吃藥就睡不著。常常吃了東西又跑去吐。會割腕自殘。	3-4 8-6
另一半老是做讓妳討厭的事。	3-5
曾經那麼喜歡他，為何現在卻令人火大？	3-5 3-6
他最後沒選擇妳。覺得自己「愧為一個女人」。	3-9
男友其實是個大男人。	4 10-1

是個眼鏡控。	4
男友其實是個宅宅。	4
以為自己喜歡的上的人是宅男，結果其實是渣男。	4 10-2
明明跟感覺不錯的對象獨處，他卻對妳不感性趣。	4
一跟草食男交往，就會開始自以為是地管東管西。	4
害怕被討厭而不敢耍任性或說出真心話。	6-1

不小心愛上了渣男。	4 10-2
雖然他對妳很好，但問題卻很多（工作、喝酒、吵架、賭博……）。	4
分手的前男友成了恐怖情人。	4
一回過神，就被甩了。	5-6 10
自己難道是「呼之即來，揮之即去」的女人嗎？	7-1 10
過度喜歡性愛。	7-2

有嚴厲的父母。	6-2
對方已經開口求婚，自己卻在結婚前臨陣脫逃。	6-3
跟媽媽感情超好。	6-3
對於生養小孩感到害怕。	6-6
常被要求「像個女孩子一點」，卻做不來。	8-4
明明自慰時可以高潮，做愛時卻沒有辦法。	8-5

- 雖然很想嘗試「美好的戀愛」或「理想中的性愛」，但覺得自己不是個「好女人」，所以做不到。 ↓ 7-3
- 喜歡在做愛時被綑綁、毆打，或被勒住脖子。 ↓ 7-4
- 會忍不住在網路上寫起自己和另一半的事，或忍不住調查起他的行蹤。 ↓ 8-1

- 已經很長一段時間沒有談戀愛，整個人非常焦躁。 ↓ 9-1
- 總會憎恨已分手的前男友。不這樣想就分不了手。 ↓ 9-6
- 希望有人能告訴自己對的人在哪裡。 ↓ 9-8

E N T S

CONT

E N T S

CONT

E N T S

CONT

ENTS

CONT

第一章

妳為何總是在談傷心的戀愛

1-1 妳一被冷落，就耿耿於懷嗎？

妳正在戀愛中嗎？
這場戀情愉快嗎？
假如現在的戀情，或是以往的戀情讓妳飽受痛苦，這又是為什麼呢？

一旦談了一場苦戀，妳或許會忍不住心想：
「要是我是個更好的女人就好了。」
「要是我的個性再好一點就好了。」
「這一定是我的男人運太差了……」
然而，無論哪個都不是正解。

請試著想像陷入苦戀之中的女孩們。妳不覺得她們常是**「不自覺地選擇了不愛自己的男人，還喜歡上對方」**嗎？

或許妳會想說，我的情況才不是這麼一回事！

不過，假如談戀愛會讓妳飽受痛苦，就很有可能是這麼一回事。

只要在內心的某處存有自己是「不合格的女人」的想法，可能就會深受無法輕易接受妳的男性，或是目光不在妳身上的男性吸引。

請試著回想妳被他所吸引的原因。

「他似乎能教導我一些東西。」

「他或許會帶著我四處探險，前往未知的世界。」

對於這類的心情，妳是否心裡有數？

邁向苦戀的路程，其實從與對方相遇之前的「自我厭惡」就開始了。

因為自我厭惡，所以才會對「不愛妳的人」感興趣。

1-2 他的「指責」，是愛之深責之切？

在自我厭惡且沒自信的女性之中，也有人會認為愛指責的男性很MAN或很可靠。對於毫不客氣指出痛處、難以應付的男性，她們總是心想：

「他好了解我喔。」

「我覺得自己很尊敬他。」

「這就是愛之深、責之切啊。」

儘管看在周遭人們眼中，對方「只不過是個冷淡無情、會傷害女友的男人而已」。一旦從這樣的男人身上獲得一絲絲溫柔對待或關懷神情，她們就會欣喜若狂而更加入迷，以致深陷在這場戀愛中無法自拔。

即使這場戀情是由對方提出交往，讓人暗自心喜：「他竟然會喜歡我這樣的人！」

也只有開頭是順利的。到頭來，因為害怕失去對方，自己什麼話都不敢說；或過度掏心掏肺，飽受嫉妒之苦，無論在身心或生活等各方面，都**受到對方支配……**。

這樣的情形，有點不大對勁吧？

導致戀情變得痛苦的原因，就在於妳打從心底認為：**「我是不是沒有身為女人、身為一個人的價值？」**

一旦對愛指責的男性抱有好感，女性多半會心想：「他是因為對我有興趣，所以才會說這麼多。」然而實際上，男方並非對女方有興趣，**單純只是想讓她變成自己好掌控的樣子而已。**

沒有哪種「愛之深，責之切」是必要的。

1-3 為何妳一被追求，就想逃走？

既然喜歡上「不愛妳的人」會讓自己很痛苦，那只要一開始就選擇「愛妳的人」，不就沒事了嗎？

多數擁有痛苦戀愛經驗的女性，時常會把「對那些說喜歡我的人，我既不感興趣，也無法喜歡上他們」這樣的話掛在嘴邊。這是為什麼呢？

對她們而言，「無法喜歡上表明好感的對象」的情形可分成二大類。那就是**「鄙視型」**和**「恐懼型」**。

鄙視型是瞧不起對方，認為：「我才不想被**這種程度的男人**喜歡、跟他交往呢！我只喜歡**水準在我之上的男人**。」

這類型的女性很容易就會有「會隨便喜歡上我的男人，根本沒有看女人的眼光」，或是「我這麼沒有魅力，會說喜歡我的人想必是個笨蛋。我可是比他更懂自己，腦袋比他來得清楚多了」的想法。她們之所以會認定「這個人不是我的菜」，事實上也是因為在心裡很瞧不起對方。

至於恐懼型，則是害怕去迎合對方的好意，認為：「雖然很開心他那麼喜歡我，但是我如果喜歡上他，**那就不是真正的我了**。」「他沒有看過我糟糕的一面，要是他識破真正的我，或許就會討厭我了。」她們心中充滿了這類的不安，也因為恐懼，促使她們有了「我不配跟那個人在一起」的想法。

無論是鄙視還是恐懼，二者的根本都是一樣的，都是因為「自我厭惡」。

不認同自己的女性，對於自己沒有交往對象一事似乎也會感到「可恥」。向自己告白的男性若符合世間的眼光（例如：有好工作、打扮整齊，或是還稱得上是個帥哥等），她們可能就不會拒絕，而答應跟對方交往。

不過，當她們逐漸對男方失去興趣，或心生焦慮，就會開始厭惡對方，在某天突然主動提出分手的請求。

在這之中，也有人一開始就下意識地不把可能會愛自己的人「當作男性來看待」，明明對方就站在眼前、對自己抱有好感，卻「絲毫沒有察覺到他的存在」，甚而「故意無視」。

然後才老是發牢騷：「唉～我都沒有什麼機會！誰有好男人可以介紹給我呢？」

妳究竟是「想被愛」？還是「不想被愛」？

想當然爾，一定是「想被愛」吧……。

當妳拒絕對方時，是瞧不起他？還是感到害怕？

1-4 「戀」和「愛」，有什麼不一樣？

飽受戀愛之苦的人還有一個特徵。

那就是**無法區分「戀」與「愛」**。

所謂戀愛，誠如其字面所示，是由「戀」與「愛」這二項要素所組成的。不過，這比較像是**名為「戀愛」的銅板，正面為「戀」，反面為「愛」**。

這二項要素是完全相反的「內心表現」。

戀是什麼？

所謂的「戀」是指「渴望對方成為自己的所有物」。

換言之，**戀就是「欲望」**。

那麼，愛是什麼？

所謂的「愛」是指「肯定對方」。

換言之，就是打從心底接受對方的存在是「美好的」。這跟妳自身的利弊得失毫無關係。

僅僅是如此而已。

「與其讓對方被別人搶走，不如殺了對方，讓自己陷入不幸。」這是戀的想法，這並不是愛。

也可以說，正因為有戀與愛這二種情感，才得以成就「戀愛」。

再者，「戀」有時也會成為「愛」的契機。

然而，「自我厭惡的人」，或是**「無法接納自己的人」**，不但很難去愛自己喜歡上的人，也很難與能夠去愛的人相戀。

「戀」與「愛」是一體兩面的。

1-5 所謂的「愛」，是種奉獻嗎？

時常耳聞「愛是付出」或「愛是自我犧牲」等說法。越是自我厭惡的女性，越有輕易將這些話奉為圭臬的傾向。

在妳周遭，是否有認為「付出就是愛情」而對男方竭盡心力，結果卻換來一身傷痛的女性？

放任情人需索無度，總是滿足他任何無理的要求。**明明受到侮辱，但即使沒有獲得道歉，也會輕易原諒對方**。或是一味貢獻金錢、一再承受肉體或精神上的暴力對待。

儘管如此，她們心裡仍深信：「他總有一天會改變。只有我的愛，才能夠讓他『變好』。」

像這樣的女性，或許只能**藉由讓自己受到傷害，來獲得「身處戀愛中的切實感受」**吧。

妳是否曾誤以為自己默默承受就是「愛對方的表現」，深信「能夠改變對方的，就只有自己」而不顧一切地豁出去？

這根本不是「愛對方」。

這只是在壓抑自己內心深處的本意和心願，一味期待對方「總有一天會理解，會改變」，並強迫自己去原諒。

一旦妳的心瀕臨極限，勢必就會爆發開來。

自己「原以為是愛，為對方而做」的事，**實際上是基於「害怕失去對方」，才為自己而做。**

這也是「戀」，並不是愛。

所謂的「能夠去愛」，是指「能夠認同對方原有的樣子」。

「忍耐」並不是愛。

第二章

「戀愛中的女人最美麗」？才怪！

2-1 女性雜誌鼓吹女人談戀愛的理由

在鎖定女性為對象的流行雜誌或網站上，常會看到「戀愛中的女人最美麗」或「惹桃花妝容」等標題。

甚至連隨意翻閱到的《戀愛特輯・性愛特輯》，也邀請了英俊的演員、藝人，或是受女性歡迎的文化圈人士來談論「理想的女性樣貌」。

這類雜誌或網誌的特輯，告知了全世界的女性什麼樣類型的女性更容易被追求，以及怎樣做才會讓男性興奮。

然而，正因為吸收了過多這類資訊，似乎也有越來越多女性忽略了自己所承受的壓力。

「只要這樣做，就能更受到異性注意！」有人可能會不顧一切地迎合男性的喜好，卻又陷入自我哀怨：「可是我根本無法變成那種男生會喜歡的、**個性可愛**的人，而且**不擅長做家事，也沒有厲害的床上功夫……**」

於是，女性可能會開始憎恨對自己提出無理要求的「男性的普遍觀點」；有些人甚至會難以發現自己已經陷入混亂之中。

應當跟女性站在一起的雜誌及網站，為何會特地撰寫這些讓她們受苦的文章呢？因為所謂以女性為對象的媒體，其實是為了將服飾或化妝品賣給女性的「廣告」。文章的內容其實也是廣告的一種。之所以要強化「渴望被愛」的**女性自戀**，鼓吹她們談戀愛，都是為了讓女性有意願購買服飾或化妝品，約會時會選擇外食或旅行。廣告本身沒有「好」或「不好」，因為女性流行雜誌原本就是這樣的東西。

大多數女性雜誌都是為了「賣東西給戀愛中（或想戀愛）的女性」的廣告。

2-2 「喜歡自己」有兩種方式

「戀愛中的女人最美麗」這句口號，並不適用於所有女性。

陷入熱戀的女性，一開始的確會瞬間變得美艷動人，這是因為「有了心儀對象」的蓬勃朝氣洋溢在外表的緣故。

然而，「無法接納自己的女性」會愛上的都是不愛她的男性，以致最後飽受妒嫉之苦而身心俱疲。

這是因為無法接納自己的女性，「一旦談了戀愛，反而會讓自己越來越糟」。

所以，女性雜誌或網站的戀愛特輯，也都一再提出：「如果不先喜歡上自己，就無法談一場幸福的戀愛！」

讀到這段文字的妳，或許會努力地想喜歡上自己。

不過，是不是總有一股不知來自何處的窒息感？

事實上，「喜歡自己」這句話具有正反兩種意思。

女性雜誌並沒有說明這樣的差異，若在對此一無所知的情況下想喜歡上自己，只會陷入越來越痛苦的惡性循環。

「喜歡自己」的二種類型，分別是「自戀」和「自我接納」。

任誰都會有「想變得更美」、「想變得更棒」的上進心。上進心也是源於自戀。

「還想擁有得更多！」像這樣會讓自己追求自己欠缺的東西的「**自戀**」，換種方式說就是「**迷戀自己**」。

因自戀而「努力過頭」，就會讓人覺得心累。

2-3 難不成，我是「自戀狂」？

所謂的自我接納，是指**能夠接受自己原本的樣子**：「我這樣就很好了，不用逞強也可以過得很好。」

若說自戀是「**迷戀自己**」，那麼，自我接納便可說是「**愛自己**」，這樣就很容易懂了吧。

如果妳以往的戀愛或性愛經驗狀況百出，總是帶來痛苦的回憶，就自戀的層面而言，就是因為「喜歡自己」過了頭。

我這麼說，有人或許會心想「我才沒有自戀！」但是，不是只有「會照鏡子照到忘我的人」或「只顧自說自話，從不傾聽他人的人」才是自戀者。

妳是不是一個「相當好勝」、「其實很頑固」，或是「很難搞」的女孩子呢？這些其實也是源於妳的自戀。

「我很喜歡自己，卻也很討厭自己。」妳曾有過這種想法嗎？

這看似矛盾（妳可能會接著心想「我還真是個彆扭的人」），但其實一點也不矛盾。

妳的「喜歡自己」，是因為自戀而喜歡；

「討厭自己」則是因為無法自我接納而討厭。

所以，大抵上來說（雖說也有例外），**「越是無法自我接納的人，就有越強的自戀傾向」**。

自我接納就是「愛自己、認同自己」。

喜歡自己？討厭自己？——自戀與自我接納——

自我接納就是「接受自己、愛自己」。

越是無法自我接納的人，就有越強的自戀傾向；換言之，就是雖然喜歡自己，卻不愛自己。

說起來還真複雜……。

因為以前的人將「narcissism」翻譯成日文時，是譯成「自己愛（對自己的愛）」，這似乎正是造成混亂的源頭。附帶一提，中文好像是譯成「自戀」。

英文也有「self respect」這個詞彙，如果譯成「自尊心」，意思就整個不對了。因為「自尊心強」，有時也有「自命不凡」的意思。

「自命不凡」也和「固執」一樣，都算是自戀的一種。

為了保護脆弱的自我，無法自我接納的人會強化自己自戀的傾向。

無論是戀愛、自我磨練或提升女性魅力，過度努力而「喜歡上努力不懈的自己」的女性，如果只有自戀傾向變得越來越強烈，目標就會越設越高，讓「努力達標」這件事本身不小心成了目的。

到最後無論是努力變成「好女人」、「廚藝精湛的女人」，或是「充滿性魅力的女人」而令男性迷戀不已，也會覺得只是「努力不懈的自己」受到歡迎，**並不是「真正的自己」被愛**。

抱持這樣的違和感到最後，不是受到渣男吸引，就是又發現自己的「不好的地方」，而苦惱於無法原諒自己。

接納自己、放下自戀的傾向，就能夠看清自己，也能看清對方。只要明白自己最低限度的需求，就不會對他人或自己需索無度。

懂得接納自己，就能夠理解對方的「需求」，也就會自然伸出援手，只給對方他所需要的，而不做多餘的事。

這樣也才能成為一個為人所愛的人。

這樣的話，「自戀」這件事不就只會帶來痛苦，而且很糟糕嗎？

如同「戀」是「對他人的慾望」，「自戀」是「對自己的慾望」。

不管是誰都有自戀的傾向，如果會被說「那個人已經看開了」，那或許只是自戀傾向變得相當微弱而已。

也有人明明是自戀者，卻不會帶給周遭人們反感，反倒令人覺得有趣。像這類型的人，就是「雖然有著強烈自戀傾向，但又懂得自我接納」的人。

抱持著必要的自戀，同時也能夠做到自我接納的人，正是「能活得自在的人」。如果自戀傾向完全是零，將會逐漸失去「生存意義」，終究很難再活下去。

所以，人有自戀傾向是不可避免的，「就算自戀也沒關係」。只要不會因為過度自戀而苦了自己和周遭的人，那就沒問題。

2-4

傷心苦戀源於「明明無法接納自己，卻又自戀過頭」

妳無法喜歡上「現在的自己」（無法自我接納），**無法去愛喜歡妳的人**，這是為什麼呢？

原因似乎就在於，妳一味地祈求自己「一定要變得比現在更幸福」。

當然，「渴望幸福」並非壞事。然而，在此希望大家稍微試想一下，妳所渴望的「更幸福」，究竟是什麼樣的幸福？

妳是否認為所謂的幸福就是「成為一個好女人，在某天遇見一個愛自己的理想對象，展開幸福的人生」？

不能接受自己不滿意之處（如外表、個性或現在的生活等）的妳，是否憧憬著「未來那個待在理想對象身邊的自己」？

即使是「喜歡上真實存在的男性，而非僅存在自己腦海中的『理想男性』」的人，也是一樣的。

妳會喜歡上的男性，是否都是一些「不會去愛妳」的理想對象呢？

不過，他如果愛上了「現在的妳」呢？

無論男方長得多帥氣、多有錢或多溫柔，如果妳沒辦法愛自己，終究會想從他身邊逃離。

換言之，妳只不過是把自己心目中的「理想男性形象」，投射在那些並不愛妳的男人身上而已。

一味追求「那個和他在一起的自己」的自戀傾向，正是讓現在的妳飽受折磨的元凶。

妳的自戀傾向，正是造成傷心苦戀的原因。

2-5 「找個好對象、建立家庭就能幸福」，也是謊言

為戀情所苦的女性，似乎多半都會得到看不下去的「人生前輩」這樣的建言：「對男人不要那麼挑剔，總之找個合適的結婚對象，有了孩子之後妳就會懂了……。」

苦惱著自己老是愛上渣男、「男人運很差」的女性，某一天突然發現自己懷了「和過去那些渣男完全不同類型的男人」的孩子，然後就結了婚、生了孩子；當回過神來，自己儼然已成了一位「好母親」，過著幸福的生活。像這樣的實例，就我所知，確實有好幾個人。

但另一方面，幸運地跟「感覺很正經的男性」結婚生子，看在周遭人們眼中，好像

很幸福美滿，事實上——

「害怕自己活得越來越不像個女人。」

「好想從做家事和帶小孩的沉重壓力中解脫。無法事事完美的罪惡感太難熬了。」

「覺得自己的丈夫令人無法尊敬。」

「我其實更想在外頭自由地『工作』。」

如此這般，抱著對現在的自己或生活的「不安」、「不滿」或「違和感」過日子的人並不在少數。

就連乍看之下似乎沒有任何問題，實則被只有自己能懂的壓力搞得鬱鬱寡歡，甚至會虐待孩子的母親也大有人在。

因為「戀」並不會因為結了婚而自動轉變成「愛」。

在結婚生子後「能獲得幸福的人」和「無法獲得幸福的人」，兩者之間究竟有何不同？

我所認識的「因結婚獲得幸福的女性」，她既不是「找到了理想對象」，也不是「對自己的擇偶條件妥協，隨便找個男人結婚，剛好運氣好就獲得幸福」。

她是因為某天終於從束縛自己多年的自戀中解脫，才獲得幸福的。

換言之，就是**告別了對於「理想對象＝會讓自己受苦的男人」的戀心**。

當她不再眷戀於未來的自己，就懂得了如何「去接納、去愛眼自己眼前的人」。

當她這麼做之後，一名原本並非她心目中「理想對象」的男性，就成了她最棒的丈夫。

究竟是「生了孩子後才得以揮別戀心」？還是「揮別戀心後才得以結婚」？她不知道先後順序。但是，我想她一定是**在某個時間點終於開始懂得「自我接納」**。

另一方面，即使結了婚、生了孩子都還是無法滿足的女性，或許就是一直處於難以自我接納、遭受自戀束縛的狀態。

在自己渾然不覺得狀態下看輕男方，為了追求世間定義的「幸福」而結婚；然而，內心深處卻仍在尋求著「某種東西」。

並不是「只要結了婚就一切沒問題」！

「只要有了孩子就會穩定下來」的意思

人生前輩們的建言：「只要有了孩子就會穩定下來囉。」或許妳很難理解這句話的意思。因為他們可能也不太瞭解自己所說的話的真正含意。

這句話的意思是在說：「如果老是受到自戀心態束縛，就無法做到自我接納喔。」在過去的社會中，確實會認為女性「就算沒談戀愛就結婚，只要有了孩子就會把心思都放在孩子身上，不得不去愛自己的孩子；所以也就沒有多餘時間抓著自戀心態不放，自然容易獲得幸福」。

但是，現今社會的情況大為不同。「只要結婚生子，就能捨棄自戀心態」的建言，對心懷煩惱的女性而言，已不再是最後的王牌了。此問題將於第五章重新做說明。

2-6 到頭來，戀愛就是種「不小心」？

受到自戀心態束縛的女性在深陷於苦戀之際，雖然頭腦清楚明白：「放棄這段戀情，找個愛我的男性結婚會輕鬆許多」，卻遲遲放不了手。

即使朋友們也大力勸告：「像他那種男人，還是分手吧。」她們仍舊會扼殺自己的情感，一味隱忍；或是為了引起對方注意而故作姿態，導致自我厭惡，或是在分手後仍難以忘懷，反而讓自己更加痛苦。

不僅如此，明明好不容易才分手，可能又喜歡上了另一個「渣男」或「惡男」……。

其中最累人的是一再自責：

「連這麼痛苦的戀情都沒辦法放手，我真是個糟糕的女人。」

「像我這樣沒辦法接受原來的自己，是不是沒有資格談戀愛？」

「我又不小心喜歡上那種『一喝酒就會施暴』的男人了……。」

越自責，就會越來越難自我接納，也很容易就緊追著「陷入戀情中的自己」不放。

然而，所謂的戀愛，不就是因為「自己想要」才這樣的嗎？

就算可能會是一場痛苦的戀愛，還是會「一不小心就陷進去了」。

假如妳總是一再重複「痛苦萬分的戀愛」，不妨就讓我們一同來重新檢視、修正妳的戀愛結構，看看難以自我接納的妳究竟為何會如此吧。

妳到底「對戀愛有什麼渴求」呢？

究竟是妳心中的哪樣東西，促使妳陷入「苦戀」？

第三章

戀愛也補不了的「內心空洞」

3-1 無法自我接納的人，會利用戀愛對象來填補自己「內心的空洞」

跟喜歡的對象交往、同居，一開始會感覺好像找到一塊符合「自己內心空洞」的拼圖，令人意亂情迷。

「這個人就是我命中注定的人！」相信也有人會如此認為吧。

然而，過了一段時間，當對方不再做妳希望他為妳做的事、不再說妳想聽的話，妳就會逐漸感到不滿與不安。

相較起一個人的時候，「寂寞感」越發強烈。

也開始忍不住想著對方可能會離自己而去。

走到後來，兩人的關係開始變了調，直到戀情告吹之際，妳或許會心想：

「看來他並不是我命中注定的那個人……。」

「他對我已經沒有愛了。他已經變了……。」

「是我做了什麼不該做的事嗎？是因為我對他不夠盡心盡力？還是做得太多，所以被討厭了？」

其實，並不是這麼一回事。

戀情之所以會越來越讓人覺得窒息，是因為妳想利用對方的存在來填補「自己內心的空洞」。

「咦？談戀愛不都是這樣的嗎？」

「我不能用他的愛來填滿內心的縫隙嗎？」

妳的心情我當然明白，但請先聽我說。

請試著想像在自己心裡、在妳的中心「突然裂開一個洞」。自己無法掌控的厭世感、寂寞感、自卑感、不安、妒嫉、憎恨、罪惡感等情感或想法，正從那個空洞不斷地湧出。

那就是妳想填滿的空洞。

「只要有了交往對象，就可以從這份『寂寞感』中解脫了吧？」

「只要有人愛我，我就能不再去意識自己的糾結。」

「只要跟那個人結合，我或許就能成為『自己想要成為的樣子』。」

若心中抱著這樣的想法談戀愛，妳就會想忘記自己內心的空洞，利用戀愛對象的存在來填滿空洞。

但無論對方是什麼樣的人，只要是活生生的人類，就不可能絲毫不差地填補妳內心的空洞。

要不是內心依然留有空隙，要不就是對方的存在會從「妳的空洞」滿溢出來。

覺得只要談了戀愛，就不會再有寂寞感，就會忘了自己負面的部分，就能成為「更好的自己」，這一切都只是錯覺罷了。

為了填補內心的空洞而去談戀愛，最後一定會遭到「還擊」。

因為「填補內心空洞」，其實只是在蒙蔽難以接納自我這件事，把自身的痛苦視為對方的錯而已。

妳內心的空洞，沒有任何一個人可以絲毫不差地填滿。

3-2 內心空洞湧現的不只有「寂寞」和「缺點」，還有「妳的魅力」

使妳飽受痛苦的負面情感，或是在不知不覺中傷害到人的「心性」，正是從妳的內心的空洞所湧出。或許正因如此，妳才會認為這是自己的缺陷，而一心想將它填補起來。

不過，內心的空洞並不是「只有妳」或是「糟糕的人」才會有的缺陷。

受周遭人們愛戴的「好人」，有錢、有學歷、有異性緣，乍看之下沒有該糾結之處的人，以及認為「自己只是個平凡人」的人，所有的人的內心都有一個空洞。

無論是誰，都會湧出自己無法掌控的情感或思考習性。

妳可能會以為看似幸福的人內心沒有空洞，事實則不然。

所謂能夠愛（接納）自己，「看似幸福的人」，**不會老是想勉強自己去填滿空洞、去掌控它，而是會與它和平共處。**

從內心的空洞所湧出的不只有負面情感。他人眼中所看見的**妳的魅力**，其實也是從內心的空洞產生的。

例如，一個「善妒的人」，如果從好的方面來看，就會成為一個「用情至深的人」。認為「自己很冷淡」的人，看在他人眼中，或許是個「爽朗、好相處」的人。至於沒耐性的人，也可以說他們在短時間內釋出的情感是很濃厚的。因為自己認為是缺點的部分，有時也會成為他人的助力，帶給他人歡笑。

妳的魅力和缺點，都是從內心的空洞產生的。

3-3 如何面對內心的空洞？

每一個人內心的空洞都不一樣。

這無論好壞，這都是「他人眼中所見的妳的本質」。

讓自己能夠接納自己的首要行動，並不是利用另一半的存在去填滿內心的空洞，而是要**「清楚知道自己內心空洞的形狀」**。

即使是同一件事，每個人看待的方式，也會隨著內心空洞的形狀而各自有所不同。

比如說，當妳發現另一半劈腿。

或許有人會故作鎮靜，也有人會嚎啕大哭、勃然大怒、跟朋友發牢騷，或是突然從對方面前消失。

如果是妳，妳會怎麼做呢？

所謂內心空洞的「形狀」，就是指「自己遇到某件事情時，會有某種心情、會採取某種行動」的情感和思考習性。除了無法掌控的情感和行動外，自己可以掌控的部分也包含在內。

不限於戀愛關係，請試著定睛去觀察：「自己在遇到某件事情時，會有何感受？」「在某些人對自己做了某些事情時，自己會做何反應？」冷靜思考別人眼中的自己「究竟有何缺點？有何魅力？」

不要想「填滿空洞」，而是要去「理解它的形狀」。

一旦理解空洞的形狀，它就不會再像以前那樣使妳飽受痛苦。

這就是「做到自我接納」。

有人說：「人終究是不會改變的。」

這就是指，內心的空洞是無法被填滿的。

如果繼續帶著缺點（雖然這也是妳的魅力來源），就算結婚生子，仍會有莫名的「寂寞感」。

反之，也有人說：「人是可以改變的。」

這意思則是指內心的空洞「雖然無法填滿，卻可以讓自己不因它的存在而感到痛苦；而只要能減緩自己的痛苦，自己與他人的關係也就能往好的方向發展」。

雖然無法填滿內心的空洞，但卻能改變它的形狀。

3-4 與其說是缺點，不如說是妳的「罪惡感」傷害了對方

妳認為是自己缺點的部分，用不著勉強改掉。

「一定要想辦法改掉缺點」、「人一定要有所成長」抱有上述想法的人不在少數，但這只不過是延續自童年時來自父母或學校的「教育」。

他們說，妳的缺點會傷害別人、給別人添麻煩；但事實上，並沒有（如妳所想的）那麼嚴重。

給他人添麻煩時，只要能適度反省，不要抱有過度的罪惡感，告訴自己「以後不要再犯同樣的錯」，妳內心的空洞，就漸漸不會再給他人添麻煩。

比起「缺點本身」，**妳對於自身缺點所抱持的自卑感或罪惡感等自我否定的情感，**

對他人而言更是一種困擾，不時會傷害到人（尤其是對喜歡上妳、愛上妳的人而言）。

即使如此，不管三七二十一地將「內心空洞」強塞給他人，是一種不可取的行為。這種「自我合理化」是一種虛假的自我肯定，跟自我接納完全相反。

想改正缺點的想法，其實是源自於「不想被討厭」、「不想被拋棄」的自戀傾向。當然，這項情感也是從「內心的空洞」所湧出的，毋須去否定它。前面也提過，自戀傾向是無法消除的，所以不用特意去消除它。

只要自己明白「我的自卑感、罪惡感及自我正當化，其實都是源於自戀傾向」就行了。

不限於戀愛關係，無論碰到什麼樣的情況，明白「自己的反應模式」，就是「理解內心空洞形狀」的第一步。

話雖如此——

以為「因為我是B型才這樣」或「我就是愛嫉妒」的說法就是「瞭解自己」，其實只是將自己分類，強迫對方接受「我就是這樣的人」罷了。

這只是一種話題而已，並不是「瞭解自己」，更稱不上是接納自己。

無論是罪惡感、自卑感，還是自我合理化，都是自戀的一種。

3-5 他的心中也有空洞

如同妳的內心有空洞，妳所喜歡的他，內心當然也有空洞。

在妳談戀愛、交往的過程中，有時會碰到對方做了些不好的事，讓妳飽受折磨的情形。

例如，平時總是冷嘲熱諷、老愛下攻擊性命令的言語暴力。

總是工作或朋友優先，越來越難取得聯繫，也越來越難見到面。

故意劈腿給妳看，或是特意暗示自己與其他女性的關係。

喜歡高壓控管，明明在交往，卻不懂得體貼女方。

（以上這些事，都是在藉由傷害妳來填補自己內心的空洞。）

當這樣的事一再發生，妳便會開始覺得：「明明以前喜歡他喜歡得要命，為何現在會如此令人作嘔？」

或許也會心想：「原本以為他是個很不錯的人才會喜歡上他，看來我看男人的眼光實在太差了……。」

雖說傷害妳的對方也有錯，事情並沒有那麼單純。

自己認為是缺點的部分，有時看在他人眼中卻是妳的魅力所在。

如同從妳內心的空洞會同時湧出「妳的魅力和缺點」，讓妳喜歡上他的「魅力所在」，以及「使妳飽受痛苦的部分」，也都同時來自他內心的空洞。

只是妳沒察覺到，這其實是從不同的角度來觀看「同樣的事物」。

好比說，他是個「完全不會想把妳綁住的人」。

妳或許會覺得「他很尊重我」，但他的本意或許是：「我想要過得很自由。」

「隨妳喜歡就好。」聽到對方這麼說，一開始可能會很高興；然而，漸漸地就會認為對方是個「不願做決定，對自己漠不關心又沒有責任感的人」而感到不滿。

又好比說，妳「被他的溫柔所吸引而喜歡上他」。

之後，要是妳對於他同意溫柔對待其他女性感到嫉妒，這份「喜歡」和「嫉妒」，簡言之就是出自同源。

如果對方不是「對任何女孩子都溫柔以待的男性」，而是「只對妳溫柔的男性」，那這是一種喜歡，還是一種愛呢？然而，就算無法做到自我接納的妳說了「這樣的人才是我的理想對象」，一旦「這樣的人」真的出現在妳面前，妳會瞧不起他，還是轉身就逃？

請試著回想妳被他吸引的部分，以及妳無論如何都無法原諒的部分。

其實兩者的根源是相同的吧？

他的「魅力」和「不好的地方」，兩者的根源是相同的。

3-6 對於無法肯定自我的人而言，戀即是恨

會「喜歡上一個人」，就是妳「對他內心的空洞起了反應」。

而他的特質，妳所「喜歡」或「滿意」的部分，正是妳自己不自覺地**「認為自己缺乏」或「跟自己很相似」的部分**。

因為對方一開始以正面的方式呈現該部分，所以讓妳渴望擁有他。

不過，「他的魅力所在」反過來看也就是「他不好的地方」、「會讓妳感到痛苦的地方」。對方之所以會不著痕跡地在「得到妳之後做出（或是故意做出）不好的事」，原因就在此。

妳認為「可以絲毫不差地填滿自己內心空洞」的人，也會是「刺激妳內心空洞的痛處」的人。

使妳飽受痛苦的，並不是「他」，而是「妳內心的空洞」。

同樣的，如果對方也因為跟妳交往而感到痛苦，使他受苦的並不是「妳」，而是對妳有所反應的「他內心的空洞」。

「不知從何時起，戀就變成了恨。」其實不是這麼一回事。對想利用戀愛對象來「填補內心空洞」的人而言，「愛戀的情感」、「因受苦而憎恨」，以及「因受傷而痛苦」，都是出自同源。

不願自我接納的人、想做卻做不到的人，所擁有的愛戀情感，一開始就包括了憎恨在內。察覺到這件事的人，或許會對戀愛感到倦怠，心想：「我暫時不想再談戀愛了……。」

會去憎恨自己喜歡過的對象，是因為這段戀情是從自己內心空洞「痛處」的反應開始的。

3-7 當他提了分手，又來要求復合？

使女性飽受痛苦的糟糕男友，在聽到忍耐已達界線的女友開口說出「我們分手吧……」的當下，馬上脫口而出：「我還是很喜歡妳，請妳回到我身邊！」這種場景相當常見。

明明之前深深傷害了女方，如今男方卻心生焦慮，開始追了上來。

但是，這並不是他「改過自新」，也不是像連戲劇的主角那樣「終於意識到自己是深愛著女友的」（但他本人或許會自認如此並陶醉其中。）

他只是「不想失去可以用來填補內心空洞的對象」而已。

就像妳利用「對他的喜歡」來填補內心空洞一樣，無法好好愛妳的他也是透過「傷害喜歡他的妳」來填補自己的內心空洞。

這是因為他也無法做到自我接納，對自己內心的空洞束手無策。

常有人建言：「如果妳心儀的對象主動約妳，一開始要先裝作沒興趣，讓男人追著妳跑。」

的確，對於無法自我接納的男性而言，這是種貨真價實的習性，或許可做為策略使用。不過，妳與對方之間這種「欲擒故縱」的關係中，並不存在相互接納的愛情。

無論是喜歡上「不愛妳的他」的妳，還是傷害妳的他，**就「利用」對方來填補內心空洞這點來說，做的事情是一樣的。**你們不願去正視自己內心的空洞是如何對對方產生反應，以及是否正在和對方相互傷害。

因為都是在做同一件事，「喜歡」和「被喜歡」的立場很容易互換。話說讀到這裡，或許也有人會高興地心想：「原來他和我都是一樣糟糕的人。我們是一樣的！」但這可不是值得高興的事。

如果男方是「想學著接納自我」的人，他就不會回應無法自我接納的妳的心意，妳可能就因此被甩了。

因為他在潛意識中明白：「這個人（妳）是想利用喜歡我來填補自己的內心空洞吧。」他知道一旦接受這份情感，總有一天你們一定會傷害彼此。

被這樣的他給甩了的當下，妳可能會覺得很不甘心，但卻不會受到像是自己的存在被全盤否定般的嚴重傷害。

這是因為願意學著自我接納的人，即使無法和妳交往，也還是會認同妳的存在。

在用來填補內心空洞的戀愛中，「喜歡」和「討厭」可以互換；「喜歡」和「被喜歡」的立場也可以互換。

3-8 妳「真正應該追求」的事

「我明明那麼喜歡他，但他卻完全不懂得珍惜我。」

「雖然有很多人（都不是我的菜）喜歡我，卻沒有一個人願意用我渴望被愛的方式來愛我。」

「我沒辦法去愛人。」

「我用情很深，愛得很激烈，為許多人（不限於戀愛對象）奉獻了大量的愛……不知為何卻得不到他人的愛。」

女性有關戀愛的煩惱，可謂百百種。

不止是女性，擁有同樣煩惱的男性也不在少數。

無法自我接納的人們向他人尋求的，其實既不是「被喜歡」也不是「喜歡」，而是

「被愛」。

話雖如此，她們也很容易不自覺地過度熱衷於「提升自己」，像是在性愛上取悅男性，或是努力讓自己「受到歡迎」或「找人來喜歡」。

這或許也是因為她們深信：「只要自己努力，就能夠被愛。」然而，卻根本沒有去深入思考自己「渴望被愛」的心情，究竟是在期盼些什麼。

所謂的「渴望被愛」，就是指期望對方能接納自己，讓妳**「只要保持自己現在的樣子就可以了」**。

就算無法自我接納、就算再怎麼想成為「更好的自己」，妳真正所期望的，其實是有人願意接受自己現在的樣子。

一旦察覺到這件事，妳就會發現：去追求一個不愛妳（無法接納、無法肯定妳）的人，實在太傻了。

妳真正想要的，其實是有人願意接納「現在的自己」。

3-9 是什麼決定了妳是否能真正被愛？

如果一直藉由尋求對象來填補自己內心的空洞，久而久之就會沒有餘力去接納對方。

所以，「**在戀愛中，要真正去愛上對方是很難的**」。

事實上對方也跟妳一樣，渴望妳能接受他「原本的樣子」（渴望被愛）；所以如果雙方都是無法自我接納的人，談戀愛就彷彿是在走鋼索一般。

「我需要那個人！」「我非常愛那個人！」會這麼想的人大多無法愛對方。**這只不過是「討愛」與「執著」罷了**。

能夠自我接納的人，不僅能得到對方的愛，也能夠像愛自己一般去愛對方。

在第二章所提到，有關女性雜誌上的口號：「如果不先喜歡上自己，就無法談一場幸福的戀愛！」這正意味著：

「如果無法自我接納，也得不到對方的肯定。」

請試著從相反的立場來思考。假設妳「給予某人肯定」。就算妳一直告訴他「你很棒」，但他卻執意否認，認為「自己就是個沒用的人」，那妳會做何感想呢？

這種情形若一再發生，妳漸漸地就不會想再給予對方肯定了對吧？

如果有人「喜歡妳（或跟妳發生關係）」，卻不愛妳」，這是因為妳「迷戀自己，卻無法愛自己」的緣故。

一個「迷戀自己，卻不愛自己」的人，雖然會受到喜歡，但卻難以「被愛」。

這或許用「雖然被愛，卻感受不到這份愛」來形容會更為貼切吧。

因為一個人如果不懂得好好對待自己，別人也就不懂得如何好好對待妳。

話雖如此，還是有人會為妳做些妳不願意為他人做的事情。

不過，拼命填補內心空洞的人只能理解「自己向他人尋求的事」，自然就無法理解，也察覺不到那些別人為妳做的「妳不會去做的事」。

得不到他人的珍惜，是因為妳不懂得「珍惜自己」。

第四章

為何身邊男人不是渣男就是宅男？

4-1 妳身邊那個用愛也「糾正」不了的渣男

第三章提到，「愛戀的感覺」是來自內心空洞與內心空洞之間的反應。而「渣男」與「迷上渣男的女性」之間的關係，則可說是一個簡單易懂的例子。

「她喜歡上的男性其實是個渣男，但她卻被蒙在鼓裡。」事實並非如此。打從一開始，女方的內心就有著一個**會不由自主喜歡上渣男的空洞**。這是一個「因為無法自我接納，所以選擇了不愛自己的人」的內心空洞。

當然，不是只有女方要負起責任，渣男會將這類女性內心的空洞挖得更大。

所謂的「渣男」，指的是抱持「自己有本事和許多女性發生關係」的自我意識，利用這點來填補自己內心空洞的男人。

迷上這種男人的女性，可能會心想：「我要讓他脫離渣男的生活。」或「他內心的空洞（寂寞感）就由我來填滿。」並且暗自期待：「要是成功的話，我就是那個拯救他的人，說不定還有機會邁向人生的下個階段……」

但如果女方本身無法自我接納，也是因為需要有人來填補內心空洞才迷上對方的話，是絕對不可能改變男方的渣男習性的。

「我想結了婚之後，他就會改掉這樣的傾向了吧？」像這樣主動接觸男方的雙親和共同友人，甚至由自己提出結婚意願，無論如何就是要跟男方結婚的女性也大有人在。

然而，就算結了婚，男方還是完全不改渣男習性。

像這種男性，只能等他喜歡上一個「不迷戀渣男的女性」，並開始懷疑自己渣男習性的時候，問題才能獲得解決。

渣男不會把真心掏給「迷戀渣男的女人」。

4-2 無法自我接納（內心有空洞）的女人是渣男首選

以前的渣男是指喜歡女人、喜歡拿女人來說嘴的男人。

一般而言，男人在當渣男的期間會百般逃避婚姻，等到要結婚的時候，就會死心「接受制裁」。

然而，現在的渣男卻是仍抱著渣男心態過婚姻生活。

他們只喜歡那個被女性迷戀的自己，討厭去理解迷戀自己的女性的心。

他們一面心想「難纏的女人最麻煩了……」，卻還是繼續跟這些女性維持肉體關係。

因為他們將女性當成「填補自己內心空洞的道具」來使用，在這種前提下的性關係，可以說是一種自慰行為。

不過，這種心態跟覺得喜歡上自己的男性都很無趣，致力讓自己成為「更好的女人」的女性是如出一轍。渣男是藉由「得到」，高傲女則是藉由「不讓對方得到」來潛入對方內心的空洞。

雖然他們也常說自己只是「貪戀肉體」，但渣男圖的也可能不只是肉體關係。他們進入那些無法自我接納的女性的內心空洞中，為的不是付出愛，而只是想胡亂攪和一番就走人。

渣男不但有自戀傾向，同時也是無法接納自己的人，所以他們會在潛意識裡對迷戀自己的女人抱持恨意。

他們對自己「只能搞得上這種程度的女人」感到不滿，所以也很常向不只一位女性出手。

如果是能夠自我接納、珍惜自己的女性，根本不會對這樣的男人有興趣，自然就會在明白「對方無法接納自己」的當下保持距離。

相反地，無法接納自己的女性會因為對方不愛自己，而在迷戀中越陷越深，並對自己遲遲無法獲得愛而百般苦惱。

直到終於明白無論自己做什麼都不會有回報後，就開始憎恨對方。

即使分手，對男方的迷戀和憎恨依舊留在心裡。為了報復對方，就立誓要讓自己「變得更好」，想著「我一定要成為一個好女人給他看，讓他後悔當時沒有選我！」除此之外，也常自以為對過去的事情已經無所謂，早就不在乎對方，結果卻又還是喜歡上其他渣男。

一方面否定現在的自己、一方面又迷戀未來的自己的女性，她們不時會需要用「渣男」或「爛人」來填補內心空洞。會這樣做的原因，正是源自於自戀傾向。

換句話說，無論是被女性迷上的渣男，或是迷上渣男的女性，就「想利用對方來填補自己內心空洞」這點而言，兩者所做的事情是一樣的。

無論是渣男，還是無法自我接納的女性，都是在「利用」對方。

4-3 只要開始走桃花運，宅男也可能變渣男

妳如果是會瘋狂迷戀上某項事物的女性（不單只有次文化，也包括古典音樂、文學等等），或是曾覺得自己「好像有點自我意識過剩」，還請要留心披著宅男或知識份子外皮的渣男。

很會分析觀察、長相也不錯的男性，多半會戴著眼鏡；他們平時雖然表情嚴肅，一副很難相處的樣子，但笑起來又很可愛——**這樣的男性，相當擅長進入認為自己「很難搞」的女性內心的空洞。**

「我喜歡戴起眼鏡很好看的男生。」有很多女性會這麼表示。這或許是因為她們覺得這樣的男性「看起來頭腦很好，一定能理解像我這樣難搞的女生的內心吧」。

至於「兼具宅男和渣男屬性」的男性，雖說是世人對他們的認識還不夠深，但要說的話，宅男和渣男是有其相似之處的。

如同渣男利用「自己有本事和許多女性擁有肉體關係」的自戀傾向來填補內心的空洞，無法自我接納的宅男則是喜歡「愛好事物或概念的自己」、「比其他人所知更深的自己」，並利用這樣的自戀傾向來填補內心的空洞。這裡所提到的「事物或概念」，除了動畫、偶像、電腦及汽車等，工作、金錢、涵養、運動及健康等也包含在內。

換言之，宅男只要把關心的對象換成「女性」，很容易就會變成渣男。因為簡單來說，渣男就是一種「性愛宅」。

在宅男之中，也有鍾情於事物或概念，但並不是藉此來填補內心空洞，「能夠自我接納」的人存在。

但是，不認為自己是藉由熱中於事物或概念來逃避人際關係的人也不在少數。

無論是哪種無法自我接納的男性，同樣都沒辦法去愛其他人。

能夠與現實生活中的女性發生肉體關係的「渣男」或「性愛宅」，只因為自己能擁有這種關係，就不由分說地認為自己「很有女人緣」。

而無法自我接納的宅男則是會去忽略現實中的女性，深信自己能從事物或概念之中獲得「自我肯定」。

但事實上，這不過是惱羞成怒地認為「我就算不做任何改變也沒差」，為了用來維護自尊的虛假自我肯定罷了。

不管是渣男還是無法自我接納的宅男，都無法好好去愛其他人。

4-4 小心斯文男之中的「膽小男」

「草食男越來越多」這句話已經講了好一陣子。我試著向當事人打探後，發現「不顯得貪婪、不油腔滑調」的男人可以分為兩種類型。

❶ **大致可以打點好自己，因為沒有想要小孩，所以認為沒有結婚的必要。**

❷ **其實很想交女友，但卻沒有辦法主動喜歡上對方，或是採取行動。**

❶的草食男，就某種意義而言，或許可說是「**能夠自我接納的男性**」。不同於渣男、宅男和工作狂，他們之所以看起來毫不貪婪，是因為已經察覺到「內心的空洞是不可能填補的」。

你或許會對他們的外貌或人品抱有好感，但如果是基於想填補自己內心的空洞才採取行動接近對方（例如，沒跟對方討論過就自以為你們是以結婚為前提交往）他就會毫不猶豫地離你而去。

❷則是「等待女性來愛」的男性。與其說他們是草食男，不如說是**膽小男**。他們跟無法自我接納的女性一樣，「渴望被愛、被接納」，又無法去愛實際喜歡上自己的人。

他們對戀愛如此消極，也是因為過度的自戀傾向，讓他們害怕「因為被拒絕而受傷」。

「膽小男」總是在等人來愛。

4-5 為何妳總是無法邂逅優質男？

「我男友既不是渣男也不是宅男，他願意接受我，也沒有和其他女人糾纏不清。但是，我跟他的關係卻很痛苦……」這是怎麼一回事？

我想這大概是男方也無法自我接納的緣故吧。

在男性之中，有些人會表現出大男人姿態，利用容易威脅到彼此生活的方式來填補內心的空洞。好比說，「沉迷於賭博」、「一喝酒就性格大變」、「工作老是出問題」，或是「明明在交往（或是已經結了婚），卻對兩人之間的關係不聞不問」等。

另外，如同宅男會變成渣男，草食男有時也會變成**大男人**。他們只要在某個契機下跟女性開始交往，就很容易想透過言語或態度來支配女友，或是做出一些令人不快的行為。

客觀來看，雖然常有人說「男人就是一種愚蠢的生物」。但也有許多女性無法離開這種男人，總想著「我想為他做點什麼」，給予對方支持、為對方犧牲。這其實可以看作是一種虛假的母愛（實際上則是自戀傾向）。

妳若是被迷戀上的那方，可想而知在一夕之間變成**恐怖情人**的他將使妳受盡折磨。要是妳沒有接受他的追求（當然，妳是可以拒絕的），或是在分手後，「妳的存在」仍持續刺激著他內心的空洞，那個無法自我接納的男人就會心想：「我這樣一心一意的愛妳，竟然對我不理不睬，實在太過分了，妳根本完全不懂我的心意。」把責任都推到妳身上。

如果是認真像樣的男人，一旦喜歡上無法給予自己肯定的女性，就會想辦法讓自己有所成長，好能抓住對方的心。然而，恐怖情人類型的男性並不會想辦法讓自己成長，而是會將自己的情緒強加於人。

無論如何，如果妳是個無法接納自己的人，則不管是妳喜歡上的男性、喜歡上妳的男性，都會利用妳的存在來填補內心的空洞。

「這世上難道沒有像樣的男人嗎？我明明只是想找個認真像樣的男人談戀愛或結婚而已啊！」妳不禁如此心想。

當然，這世上絕對有認真像樣的男性（能夠自我接納的人）。

不過，他們不是前面說過的草食男❶（覺得不一定要交女友，能夠自我接納），就是已經死會，有著能相互肯定的另一半，早已過著幸福的生活。

又或者是妳看不上眼、覺得他很無趣的那個男人，很可能就是一個「認真像樣的男人」。只是因為妳現在無法接納自己，也就難以注意到他認真像樣的那一面。

現在的妳所遇到的，盡是渣男、膽小男、大男人或恐怖情人。換言之，全都是「用虛假的方式自我肯定的男人」，或是「無法自我肯定，焦慮不安的男人」。

第一章曾提起的「我都沒有什麼機會」這句女性的牢騷話，就某種意義而言，說的確實沒錯。

無法自我接納的女性，總是會吸引到一些不像樣的男人。

第五章

造成「女人難熬」的社會架構

5-1 男人是一種可以「假裝肯定自己」的生物

在現今的社會，**男性可說是能輕而易舉地獲得「自我肯定的感受」**。

換個方式說，就是「男性擁有更多種能獲得肯定的姿態與方式」。

如果從男女性欲的差異來討論，會牽涉到其他問題，所以在此不做深入探討。不過，從「男性要解決性欲，可以去風化場所，但女性大多無處可去」的情形看來，這也算是男性受到更多社會保障的現象之一吧。

對渣男們而言，比起聽到女性一再表示「我要的不只是肉體關係，而是愛啊！」他們的內心其實更希望「有人可以接納自己」。

然而，由於渣男本身受到「能夠和眾多美女發生關係的人，在男性社會中的地位最為崇高」的共通認知所束縛，以至於他們會認為「我現在這樣子就很好了」。

從前的宅男（因興趣種類而異），相對而言都抱著恥為人知的心態過活。不過現在的宅男，已經被社會認定是「重要的消費族群」。

能為公司賺大錢的工作宅，社會上將他們稱作「高階主管」；即使薪資微薄，只要能從工作價值或團隊合作中獲得近似「浪漫」的感受，就足以讓這份感覺在他們心中維持好一段時間。

就算工作失敗，只要不是致命的大失誤，在男性社會中甚至還有「失敗美學」這種方便的詞彙可用。

就連沉迷於酒精或賭博，只會莫名惹麻煩的大男人，在讀了以男性讀者為對象的「描述身為不法之徒的主人翁大展身手的漫畫或小說」後，就能忽略現實中自己的惡劣行徑，認為「脫離規範也是一種很帥氣的生活方式」，只要人生沒有完全毀掉，他們還是能有「自我肯定的感受」。

這是因為他們會忍不住做出**虛假的自我肯定**。

相對地，做不到這點的男性就得面對現實社會的嚴苛無情。一旦被裁員沒辦法繼續工作，或是繭居在家足不出戶，也會越來越難以做出虛假的自我肯定。「男性自殺率較高」也是一個事實。

男人們會抱持虛假的自我肯定，或許也可說是**因為社會或同儕的諒解，而讓他們「並不會對自己抱持太大的懷疑」**。

即使這些都是「虛假的」，只要有辦法騙過自己，不讓自己察覺自己是在說謊，也就能騙過對方。

另一方面，女性在現實生活中則很難去假裝肯定自己。

在男性之中受到認可的「失敗美學」，並無法適用於職業婦女身上。她們必須不斷取得成功才行。然而，就算獲得了優渥的薪資，只要女性還維持單身，就會被批評是「拋棄了身為女人的幸福。」

男性因為能獲得來自社會或同儕的諒解，所以並不會對自己抱持懷疑。

5-2 深信太多事「不得不做」，造就無數苦命女子

妳是否會想著：「我要變得更美，好好談場戀愛、努力工作，然後順利結婚生子。在這之後也絕不能忘記身為女人的本分。然後總有一天，要再回去做有意義的工作……。」

或是一開始就選擇放棄其中某一項，對自己說「這就是我的生活方式」，但卻又在內心深處懷著自卑感或罪惡感呢？例如：「像我這樣的女人，是不是天生就欠缺了什麼……。」「放棄了原本想成為的『未來的自己』，我實在太沒用了……。」

就連身為全職主婦，認真做家事、照顧孩子的女性，也有不少人會沒來由地對自己「沒有在工作」這件事懷抱自卑感或罪惡感，常常想著：「我難道就沒有別的事情可做了嗎？是我自己選擇逃跑的吧？」

無論選擇過什麼樣的人生，即使是按自己的意思所選擇的，也還是會有許多女性對自己應有的模樣或生活方式抱有疑問，無法接納自己。

在思考「自己應該怎麼做，自己渴望成為什麼樣子」時，她們只能透過刪減法來觀看自己的模樣，以致無法容許「那個失敗的自己」。

而社會在要求女性「必須跟男性一樣進入職場」的同時，也一再要求女性必須扮演好「女性」的角色。「當個好太太」、「增產報國」這類事就不用說了，甚至連「會打扮」也包含在內。

因此，認真的女性都會抱有**「想把所有事情都做到盡善盡美，而且不得不做，不然就會覺得不甘心」**或是**「總覺得自己不夠完美，好像還少了什麼」**的想法。或是說，被迫擁有這樣的想法。

但是，請試著冷靜思考。

◆當個「好女人」，跟好對象談場幸福的戀愛。

◆在男性主導的社會中和男性並駕齊驅地工作。

◆結婚生子，當個「好媽媽」。

對一般人而言，根本不可能把三件事同時做到完美。

為何對現代女性而言「非做不可的事」增加了呢？

說起來，所謂的社會，在以前都是由男人所建立的。當時的社會是屬於男人的社會，女人則有「只屬於女人的社會」。

不過，隨著時代變遷，女人也開始加入男人的社會；時至今日，「女人出外工作」已經是理所當然的事。

原本劃分開來的**「只屬於男人的社會／只屬於女人的社會」，轉變成「男女共有的社會／只屬於女人的社會」。由於女性必須橫跨二個社會，「非做不可的事」自然也就增加了。**

或許正因為女性們原本就處於難以自我接納的狀態，才會為了被愛而談戀愛。然而，到最後還是只帶給自己痛苦。

走投無路——這便是活在現代的女性們所面對的現實。
「難以自我接納」的痛苦，並不是只有妳才有。

要同時成為好女人、職場女強人、好太太、好媽媽，根本是不可能的事。

5-3 從前從前，戀愛是男人的專利

「女人主動愛上男人」是直到近年才趨於普遍的事。

在過去，一般女性並不會主動談戀愛，而是會從「喜歡自己的男人們」當中，選出看起來「值得去愛的男人」結婚。

藉由被男人們喜歡，被求愛、求歡，身為女人的被動自戀也得以被滿足。

藉著去愛喜歡自己的男性，和他生兒育女，女性在精神上也得以成長，能夠接納自己。

男性在成為大人的過程中，會經驗到與父親的抗爭、工作的苦悶和挫折。然後與女性邂逅，開始談起戀愛。

女性若能接受男性的戀慕，去愛他、為他生兒育女，男人就有辦法「為了家庭」勇於去對抗工作上的艱辛。

就算女性無法接受男人的戀慕，男性也會激勵自己：「等著看吧！我一定會賺很多錢來讓妳瞧瞧。」而努力工作。

無論是哪一種，過去的男人都是這樣長大成人、自我接納，和不一定是自己初戀對象的女性建立家庭，過著幸福的生活。

話雖如此，卻有許多現代男性無法順利走過這樣的「成長過程」。

以前的女性**大多沒有自己談戀愛的機會**，**也就是沒有為戀愛受苦的必要**。

當然，「被自己所愛的男人劈腿，飽受嫉妒之苦」這樣的事，是從以前就有的。

不過，當時的「女性社會」普遍認為「男人就是一種花心的生物」。如同字面所示，從前的男人並不需要懷抱家庭破裂、妻子喪失自我存在意義的恐懼。

要說例外的話，就是那些會主動去談戀愛的「豪放女」吧。

但無論是「美艷的女演員」、「頂級娼妓」，還是「有錢有閒的貴婦」，這些具有強烈自戀傾向的女性都還是極少數。她們擺脫當時的「女性社會」，沒有去追求所謂的「女人的幸福」。

在過去，戀愛是男性專屬的事，女人是不主動談戀愛的。

若從談戀愛理所當然的現代女性角度來看，或許會認為「就算你這樣講我也難以接受」、「這樣太不像話了」，感到權利受到侵犯。

但我並不是要說「以前的女性比較堅強」或是「現代女性只要回到以前那樣，就能獲得幸福。」之類的話。

因為現在的社會早就不是像以前那樣了。

在過去的社會中，為男性和女性都預備了一套能夠讓他們自我接納的體系。

由於現代社會中該體系已經失效，導致男性很容易陷入「虛假的自我肯定」，女性則越來越難以自我接納。

請試著回想起第二章曾提過的人生前輩們不負責任的建言：「只要趕快結婚生子，就能獲得幸福，也就能自我接納了。」在過去男女社會有別的時代，這確實有可能實現。

從前被劃分開來的「只屬於男人的社會／只屬女人的社會」，如今已變成「男女共有的社會／只屬於女人的社會」。因此現代社會中的女性，無論在精神還是物理上，都必須扮演「男性的角色」。

因此，女性不再「透過接受對方的戀慕、結婚生子來接納自己」，而是跟男性一樣，「期望能藉由談戀愛來肯定自己」。

假如「為了獲得身為女人的幸福而去談戀愛」，結果卻飽受痛苦，這或許是理所當然會發生的事。因為「主動去談戀愛」原本是男性的專利。

現代社會的「自我接納體系」已經失效。

5-4 不小心抱持「男性觀點」而受苦的女性

會傷害女性、讓女性無法自我接納的社會體系之一，便是「從男性觀點出發的媒體氾濫」。或許有人會認為這不像是AV導演該說的話，但正因為如此，才更應該由我來說。

看到男性雜誌或漫畫雜誌中身穿泳衣的寫真偶像，或是在電視節目中登場的AV女優，妳的內心是否往互為矛盾的二個方向動搖呢？

「真可愛～！**如果我是男生，搞不好會喜歡上她呢。**」如此心想的**男性觀點**，以及「原來男人就是喜歡像她這樣的女孩子。**比起來，我實在是……**」這種**做為女性的自我否定感**。

有許多女性會因為這兩種觀點和感受同時浮現，導致內心分裂而飽受痛苦。

不過，女性抱持男性觀點是很自然的事。

就算不是女同志或雙性戀，不會將同性當作「戀愛或性愛對象」，「很喜歡女性胴體」的女性也大有人在。

例如，跟女性友人一起去泡溫泉，就會忍不住盯著對方的身體看，或是一喝醉酒就會很想去碰好友胸部的女性，似乎為數不少。

我在拍攝男女多人性愛的ＡＶ時，就算沒有下達指示，有些女演員們也會自然而然地彼此愛撫，逕自擁吻起來。

反之，對男性而言，男人的胴體（說得更明白點，就是其他男人的陽具）永遠只會是「敵人」。哪怕是在拍攝ＡＶ，如果不是雙性戀，男演員們絕對不可能會彼此愛撫。

女性能理解「從女性眼光所見的女性之美」，也懂得「男人為男人所形塑出的女性之美」。只要能夠停止拿媒體中的女性來和自己比較，就可以好好欣賞雙方的美。

對男人而言，「其他男人的陽具」是敵人；
對女人而言，「其他女人的胸部」是一種美。

5-5 小心別被妳的「內在男性」支配

明明不是戀人被搶走，卻還是會對美麗的女性心生妒嫉，飽受痛苦……
為何妳會忍不住拿自己跟其他女性做比較呢？
這是因為妳**受到自己內心存在的「內在男性」支配了**。

即使妳是女性，內心還是會存在著男性的性格；男性的內心也會存在著女性性格。每個人的內心都同時存在著「男人」與「女人」。

在我寫給男性讀者的《一切都是為了受歡迎》（暫譯）一書中，曾建議「渴望成為好男人卻不知該怎麼做」的男性「致力成為會讓自己內在女性著迷的男人」。

然而，女性如果同樣想成為「會讓自己的內在男性著迷的女人」，反而容易受到傷害，導致痛苦。

因為男性的「內在女性」很寵愛男性，不會去嚮往他「絕對沒辦法成為的男人」。

反觀女性的「內在男性」，卻會毫不在乎地傷害女性，一有機會就想支配女性本身。

所以，請不要覺得自己「無法成為內在男性所認同的『好女人』，實在太沒用了」。當妳無法成為自己「理想中的女人」而感到痛苦時，請告訴自己：「這可能就是我的內在男性想要支配我。」

妳的「內在男性」會毫不在乎地傷害妳。

5-6 別讓「男人虛假的自我肯定」給騙了

男性當中，抱持虛假的自我肯定的人不在少數。

這類男性會藉由不自覺地深信「自己的做法才正確」來填補自己內心的空洞。

另一方面，女性卻連假裝自我肯定都做不到，總是在想：「我是不是還有什麼做得不夠的地方？我是不是有哪裡做錯了？」

無法自我接納的女性即使被男人的「自我感覺良好」耍得團團轉，覺得哪裡似乎不大對勁，或感到疑惑、痛苦，**也還是做夢都不會想到「他的自我肯定都是虛假的」**，進而忽略自己的感受。

像這樣進而一再自我否定，深陷於彼此都毫無自覺的「支配・被支配的關係」。

妳跟對方交往後，原本兩人應該關係順遂，什麼問題都沒有才對；但如果妳心中有

「總覺得痛苦，總覺得好像有哪裡怪怪的……不過，我想這大概只是我自己過度期待吧」，或是「這是我的錯，都是我太奢求了」的感受，很可能就是被男方虛假的自我肯定給耍了。

越是抱持「虛假的自我肯定」的男人，越是會渴望「支配」他人。

要是看到自信滿滿地想支配他人的人，心想「這就是個無法自我接納的人」是絕對不會錯的。

這種人一旦無法支配他人，就會開始徹底否定對方。去否定他人，正是「無法接納自己」的證明。因為懂得自我接納的人，並不會去在意自己無法去愛的對象（以不給自己帶來麻煩為前提）。

如果男方是個能夠自我接納的人，妳應該不會對「彼此的關係」或「他的做法／妳的做法」感到痛苦才是。

為何妳會對「男人虛假的自我肯定」深信不疑呢？

他吸引妳的地方，是不是他「看起來自信滿滿的模樣」、「工作上很能幹的樣子」，以及「很有包容力的那份溫柔感」呢？

「展現出自我肯定的感覺」，總會讓人覺得相當有魅力。

然而，這份「他的魅力」，原本應該是「妳自己想要擁有的、真實的自我肯定」。妳是不是因為察覺到比起由自己來實現，透過「與對方結合」可以更早「達到目的」，所以才喜歡上他的呢？

還請別被「男人虛假的自我肯定」給騙了，因為那都是假的。

而且，世上也有「抱持虛假自我肯定的女人」，她們會想要去支配自己的孩子。

越是會抱持虛假自我肯定的人，越是渴望「支配」他人。

第六章

所有的父母，都在孩子心中挖了洞

6-1 父母如何在我們心中挖了洞？

前幾篇中已說明過，所謂的「內心的空洞」，是指自己無法控制（或是自以為可以控制，但其實是受其控制）的「情感或行動的習性」，同時也是一個人魅力和缺點的源頭。

如果妳感到「活得很累」，那就是妳「內心的空洞」。

那麼，「內心的空洞」是如何產生的呢？

內心的空洞是在妳內心還十分柔軟、自我尚未定型的童年時期，被妳的「父母」或「其他養育者」挖出來的。

雖然從內心空洞湧出、讓自己覺得活得很累的負面情感，也就是「無法自我接納」的原因，會以各種形式折磨妳，但請試著簡單思考：

讓妳飽受痛苦的情感，

究竟是「自卑感」、「寂寞」、「憤怒」，還是「罪惡感」呢？

其原因就出自妳童年時與父母之間的關係。

・年幼的妳，曾抱有著無法達成父母期望的自卑感。

・妳得不到渴望得到的愛，而感到寂寞或悲傷。

・妳對否定妳、讓妳感到寂寞的父母心懷憤怒。

・妳曾因「做過某件事」或「沒做某件事」讓父母傷心，因而抱有罪惡感。

就算妳沒有這類的記憶，童年時代的妳依然曾從父母（或其他養育者）那裡感受到了**這些情感**，進而養成了內心空洞的「習性」。

即使妳的父母是「很好的父母」，也依然會如此。

所有的人在成長過程中都是不斷看著父母的一言一行，在無意識中感受到、做出跟父母「相同的事」，或是「相反的事」。

那些和父母在妳的童年中曾對妳說過、做過的事相同或相反，曾讓妳受傷的事，如果**再次**被「戀愛對象」或「他人」說出或做出來，自己勢必會受到傷害。妳也總是在心底抱持著這樣的恐懼過活。

因此，為了保護自己的心，妳會先對「戀愛對象」或「他人」說出、做出和父母曾對妳說過、做過的事相同或相反的事，去傷害他們。

也有許多女性是在父母不和的家庭中，因為沒有「跟男性一對一好好相處」的實際模範可學習，自然也就不知道該如何與戀愛對象「交往」，以致於將關係搞垮。

而「在父母的傷害之下成長，至今仍憎恨著父母，絕不想變得父母一樣」的人，即使心想：「我要靠自己的意志，選擇跟父母完全不一樣的生活方式。我已經不想再受到他們的支配了。」但事實上——

他們也正受到「我一定要過『跟父母完全不一樣的生活』……」的內心空洞支配，而刻意選擇了會讓自己痛苦的生活方式或戀愛。

無論是「自卑感」、「罪惡感」、「憤怒」或「寂寞」，都是來自童年時父母給我們的感受。

6-2 「爛父母」、「普通父母」、「好父母」

會在孩子內心挖個洞的，並不是只有「爛父母」。

「明明跟父母關係良好，跟戀人或伴侶的關係卻總是狀況百出」的人，他們自認為跟父母「相處融洽」的部分，以及自己「喜歡」父母的部分，其實很可能就潛藏著內心的空洞。

有的人正因為是在與父母關係良好的家庭中成長，而抱有「一心想變得跟父母一樣，但卻做不到，所以覺得自己很沒用」的自卑感。

有的人則因為被父母照顧得過於無微不至，而給自己設定了很高的門檻：「世上沒有人能給我超越父母的愛，我也沒辦法屈就自己去跟不如父母愛自己的人在一起」。

也有人是在很普通的家庭中被養育長大，認為：「我的父母很正常，我也是個正常的人。」而從未想到自己可能會去傷害到他人。

無論是在無意識中被「好父母」、「普通父母」所掌控，還是被「不得不去反抗」「壞父母」的憎恨所占據，妳的戀情同樣都會強烈受到「父母挖開的內心空洞」影響。

這是因為，**戀愛關係多半是「一再重複」，或是「重新審視」自己童年時與父母的關係（走樣的親情）**。

不過，父母之所以會在妳身上挖出一個讓妳覺得活得很累的「內心空洞」，也是來自於妳父母親心中所存在的糾結，他們自己所抱持的「內心空洞」。

父母也跟妳一樣，在童年時被自己的父母挖了一個內心的空洞，所以他們是處於被空洞支配的情況下將妳養育成人。

戀愛就是一再重複，或是重新審視「親子關係」。

6-3 為何「太幸福了，反而會感到不安」？

明明戀情進展順利，卻沒來由地感到不安，擔心會失去這份幸福。妳是否曾有過這樣的感受？

其中，甚至有人會在結婚前夕就莫名其妙地解除婚約。

因太過幸福而感到不安，可說是無法接受「自己的喜悅」；換言之，這也是種「無法自我接納」。

無法接受「自己的喜悅」的內心空洞，其根本原因有兩項。

❶童年時期的「缺乏愛」或「過度的愛」烙印在心底，而對不同於此的愛感到違和。

❷妳的母親在妳心中所深植的罪惡感。

因為父母內心也有空洞，若在無法自我接納的情況下結婚、成為人母，母親就會下意識地在希望自己的女兒「獲得幸福」的同時，也抱持著「女兒不可以變得比我幸福」的矛盾。這是因為母親和女兒同樣都是「女人」。

這般想法很可能會成為「母親的詛咒」，在妳長大成人後自動啟動，讓妳在自己也搞不清楚的情況下覺得「害怕獲得幸福」，或是「如果太幸福，反而會感到不安」。

「我很愛我媽，我和我媽是一對很相像的母女，我們感情非常好。」或「我很恨我爸，因為他對我媽做了很過分的事。」有這類想法的女性，如果發生戀情不知為何進展不順遂的狀況（雖說父親確實有錯），**在妳內心挖洞、使妳受苦的真正犯人，有相當大的可能性是母親。**

一旦太幸福，反而會感到不安的原因在於「愛的違和感」和「母親的詛咒」。

6-4 詛咒了女兒的母親

那麼，母親為何常會不自覺地詛咒了女兒呢？

「生小孩」其實也算是一種「自我剝奪」。

當妳腦海中浮現出母親的臉時，妳會想到下列哪種情況呢？

放棄工作或「女人的身分」成為母親，雖然媽媽「其實很想繼續工作」或「渴望繼續獲得愛情」，「但卻為了養育小孩，什麼都不能做……」就像這樣，讓母親會對女兒抱持**受害者意識**。

即使成為母親後並未放棄工作和「女人的身分」，但因為在妳之上或下還有兄弟姊妹，母親也會對於「無法好好照顧妳而感到愧疚」，心懷**罪惡感**。

「那些為了生妳養妳而無法完成的夢想，就由妳來替我實現。」就像如此，母親可能會為女兒的人生鋪好路、做好事前準備，試圖讓自己的人生在女兒身上**重新來過**。

母親也可能將**對妳父親的憎恨**傳達給妳，或是因為深戀著妳父親而產生「對妳的嫉妒」，進而下意識地禁止妳擁有對性的好奇心、化妝或做迷人打扮。

如果是一切事情都能「處理得宜」的媽媽，就會認為「既然我做得到，妳也得跟我一樣做得到。」將這種**完美主義**傳染給妳。

完美扮演全職主婦的媽媽，有時也會抱持跟男性相仿的**虛假自我肯定**。充滿自信的母親，即使從他人眼中也看不出有異。這是因為她有以爸爸（媽媽的丈夫）為名的、來自「男性社會」的保護。

這樣的母親大多對丈夫和兒子十分放任，相對而言就常在無意識中傷害到女兒。

當然，「母親詛咒女兒」這樣的事，是不被社會所容許的。

因此，**被詛咒的一方也會認為「這是不可能的事」**。而施加詛咒的母親，她們在內心的表層也是「真心」愛著妳、肯定妳的。

而詛咒女兒的，正是母親自己也莫可奈何的「內心空洞」。

正因為「母親的詛咒」不被母親、女兒和社會所承認，才造成了女兒的痛苦。

6-5 總之，試著把責任還給父母

讓我們在此試著重新思考面對「自己內心空洞」的方法。

請回想起第一章所提到的——

「戀上（有求於）」戀愛對象，

以及「愛上（肯定）」戀愛對象的關係。

接著，請回想起——

「接納自己（真正的意思是指愛自己）」，

以及「無法接納自己（藉由自戀來追求自己渴望的樣子，迷戀自己）」的關係。

另外，也請回想起第三章所說明的「戀與恨是相同的」。

首先，請不要被自卑感或罪惡感耍得團團轉，認為自己會覺得「寂寞」或「戀愛很痛苦」都是自己的錯。

這不是「妳的錯」，而是「妳內心的空洞所造成的」。

再者，也請不要把錯全怪到使妳痛苦的戀愛對象頭上。

雖說對方的確有不對的地方，但他內心也有著一個「會讓妳受苦的空洞」。

如同妳內心也有著一個「會被他內心空洞所吸引的空洞」，你們彼此都是一樣的。

所以，一方面要注意別讓自己被拉回「是喜歡上他的我的錯……」的罪惡感之中，另一方面則請好好去觀察自己內心空洞的形狀，仔細想想「自己為何會不小心喜歡上他」。

請試著回想看看童年時期妳與父母之間的關係。

在這當中，必定存在著「形成妳內心的空洞形狀」的線索。

父母不以為然地說出口的「某一句話」，或許會在孩子當時還很柔軟的內心挖出一個大洞。

例如，日本的家庭（可能不止在日本是這樣）在有男孩出生時多半會很開心。要是妳有弟弟出生，父母或許會表現得比在妳出生時還要開心。

看見父母那當下的反應和表情，在連自己也毫無自覺的情況下受到傷害的女性其實不在少數。

不曾懷疑過父母的人，因為做夢也沒想到「自己難以自我接納的原因竟是出在父母」，只是一味地承受「從內心的空洞所湧出的自卑感、罪惡感、寂寞感，以及對戀愛對象的憤怒」所帶來的痛苦，就很難去察覺到源頭的「內心空洞的形狀」。

不過，無論妳的父母是多麼溫柔、多麼了不起的父母，即使他們一直含辛茹苦地拉拔妳長大，父母必定會在妳的內心挖出一個空洞。

知道這件事，跟對父母是否抱有尊敬和感謝的心，完全是兩回事。

對父母早已心懷憎恨的人，或許是早已知道父母在自己內心挖了一個空洞。然而，正因為被對父母的憤怒和憎恨蒙蔽了雙眼，他們仍然無從掌握自己內心空洞的正確形狀。

妳用不著必勉強自己「原諒父母」。

話雖如此，**持續憎恨，就等同於「持續有所求」**。在這當中請不要忘了自己其實正受到父母的支配。

無論是妳自己持續受苦，還是心懷對父母的憎恨活下去，這都無法成為對父母的

「報復」。

這反倒是正中「期望永遠（即使在自己死後也）持續支配妳」的父母（的內心空洞）的下懷。

再者，就算妳的父母是怎麼樣的「爛父母」，這也不是他們本身的錯，問題是出在他們「被自己的父母（妳的祖父母）挖出的內心空洞」。

無論是不曾懷疑過父母的人，還是對父母心懷憎恨的人，如果無法自我接納，在戀愛中飽受痛苦，**這同樣都代表妳「並沒有看清楚自己內心空洞的形狀」**。

重要的是，要知道「父母在自己內心挖了一個什麼樣的空洞」，並能夠察覺到「自己會因為什麼樣的事情而受到傷害」，以及「自己是如何不小心傷害到他人」。

請試著把責任怪到父母身上看看，這不是為了讓妳心懷憎恨，而是讓妳對「自己內心的空洞」有所認識。

6-6 對父母的愛，對孩子的愛

有不少女性在察覺到自己戀情觸礁、會自我否定的原因其實是來自與父母之間的關係後，就**覺得「不想生小孩」了**。

這很可能會導致戀情更加不順遂。

然而，正因為如此，我們不能說「看起來無法成為好父母的人，就沒有資格生養小孩或談戀愛」。

每個人的內心都有一個空洞。

無論是好父母、爛父母，還是一般父母，**所有父母都必定會在孩子的內心挖出一個空洞。**

本章說明了父母的存在對孩子所帶來的影響，這能夠讓妳認識自己內心空洞的形狀。

我再說一次，並不是「因為內心有空洞，才無法自我接納」。

知道自己內心有空洞且懂得如何應對，這就是與自己內心的空洞「和解」，也有助於自我接納。不僅如此，當妳能活得輕鬆，這也是一種對父母的孝順。

如果妳在無法自我接納的情況下就成為母親，已經在自己的孩子內心挖了一個空洞，還請不要對此抱有罪惡感。因為**無論妳是「好媽媽」還是「壞媽媽」，所有的父母都會在孩子內心挖一個空洞。**

孩子內心的空洞要怎麼處理，是孩子的人生；妳內心的空洞要怎麼處理，是妳的人生。

所以，妳用不著害怕去生養孩子。

常聽人說：「要感謝生養你的父母。」我倒認為正好相反。

孩子不去感謝父母也無妨。

往後妳如果有機會生養孩子，請在孩子小時候就讓他們養成「自我肯定、自我接納的習慣」，完全認同孩子的存在。

常有人認為「放任的教養，就等於允許孩子錯誤的言行」，但其實並非如此。

「你只要活出你原有的樣子就可以了。」受到這樣肯定和接納的孩子，長大成人後，無論遇到什麼樣的情況都有辦法堅強地活下去。

因為這是一種心靈上的受惠。

所有孩子內心都有「一個空洞」，所以不用害怕生養孩子。

第七章

願妳能享受「美好的性愛」

7-1 明明是「和喜歡的人做愛」，為何如此痛苦？

「明明一開始很溫柔，但發生關係之後，他的態度就突然變得很冷淡。」

「因為我們是從肉體關係開始的，我不知道對方是不是真的喜歡我，覺得很不安。」

「被射後不理了。」

「我們一直都有肉體關係，但這樣算是在交往嗎？」

「難道他只是把我當砲友？只是呼之即來、揮之即去的女人？」

就像這樣，似乎有許多女性跟戀愛對象「有了肉體關係」卻仍感到痛苦。

如果可以爽快承認「我看男人的眼光就是差」就沒事了，但卻緊抓著對方不放，兩人關係糾纏不清，以致遲遲無法切斷關係。

這是因為男性的內心有著會傷害對方的空洞，**女性同時也把自己的身體或性愛當作「戀愛的誘餌」**。

所謂的「當作誘餌」就是指「為了讓不愛自己的人愛上自己，而獻出肉體做為代價」。

因為想引起戀愛對象的注意、想早點和對方成為男女朋友，或是想獲得將來的保障，在兩人並未心意相通的情況下就想利用對方來填補自己「內心的空洞」，維持肉體關係，自以為「我們既然已經發展成這種關係，他就是我的人，我就是他的人。」並下意識地不斷將這種想法傳達給對方。

為了得到不知道是否能接納自己的對象的接納（愛），而以肉體為誘餌，戰戰兢兢地奉獻自己，精神狀況會變得不穩定，心情當然也不會好到哪裡去。

一旦對方離自己而去，或是關係有了疙瘩，就會自責「我是不是做了什麼不該做的事？」或是感到自卑：「或許我已經失去魅力了。」甚至是責怪對方「到頭來，男人就是只想上床而已」，以致於狀況越來越惡化。

這樣的女性，有時會收到來自閨蜜的斥責或建言：「早就跟妳說不要作賤自己了！如果不多吊一下男人的胃口，他們就會得意忘形。」這樣的說法又如何呢？

「不要作賤自己」，不就等同在說「要讓自己『高價出售』才划算，讓自己看起來比真實的自己更有價值」嗎？

換言之，這就像是在說，「把自己當成誘餌時要更有技巧」。

的確，在任何一本寫給女性的戀愛指南中，都會寫到「不能馬上讓對方得手」。不，事實上不會寫得這麼露骨，大抵會以委婉的方式來表達。

假如女方的目的只是為了找個結婚對象，這麼做或許無妨。然而，她們其實是真的「渴望被愛」。

提出「不要作賤自己」這般忠告的女性如果也為戀情所苦，原因多半出於她們想讓自己「高價出售」。

即使讓自己「高價出售」而得以進一步交往或結婚，日後一旦現出原形，就會陷入男方「得手後就變一個樣」的窘境……。

而女方做夢也想不到，問題其實是出在自己對性愛的態度。

反倒是煩惱著自己是不是砲友的女性，說不定在無意中已察覺到：自己會感到痛苦的原因與其說在於性愛態度，不如說是在於手段。

無論是作賤自己的女性，還是有意高價出售自己的女性，如果從把性愛當作「戀愛誘餌」的角度來看，都是在做同一件事。

重要的是「自己跟這個人做愛時能否獲得安全感」，而非「何時才能讓對方得手」。

在性關係中受傷的原因，或許在於妳「把自己的身體當成了誘餌」。

7-2 妳是為了什麼才做愛

為什麼性愛會被說是「跟相愛的人一起做的事」呢？
為什麼「人會有性欲」呢？明明現在並不想要有小孩。
又或者是，為什麼「明明有另一半，卻提不起性致」呢？

所謂的性愛，不單單只是身體接觸，也是在**「讓對方觸及自己內心的空洞，好在那一瞬間獲得空洞被填滿的感覺」**。

而透過性愛，不僅可以直接看見「自己內心空洞的形狀」，甚至在某種程度上，也能感受到「對方內心空洞的形狀」。

所以，性愛常被說是「跟相愛的人一起做的事」（這樣的性愛感覺比較舒服，也比較安全），我想也是出於這個原因吧。

跟能夠肯定彼此的人相互碰觸內心空洞的形狀，肯定彼此的欲望，身心都會感到舒暢。

人都會有「期望他人接納自己」、「渴望受到呵護與疼愛」、「想利用自己的身體來取悅對方」、「想要掌控、獨占對方」，或是「渴望自己被這個人擁有」之類的欲望。如果追根究柢，這一切都是源自於**「被父母所挖出的內心空洞」**。不管是任何人，內心深處都會渴望造成空洞的父母能「填補自己內心的空洞」。然而，事到如今已經不可能由父母來填補自己內心的空洞了，所以才會將這種渴望轉移到戀愛對象身上。

無論是「性欲旺盛」、「雖然會想做，卻因為心裡的糾結而無法做」、「覺得麻煩所以不想做愛」、「想跟各種不同的對象做愛，藉此確認各種不同的人是不是都能接受自己」、「有異於常人的性癖好」，還是「和那個人在性愛方面太過契合，所以離不開他」等，這一切的原因都是來自妳「內心空洞的形狀」。

究竟要「跟什麼樣的人」「用什麼方式做愛」「到什麼程度」，妳才會有內心空洞被填滿的感覺呢？

還請不要忘了，「透過性愛來填補內心的空洞」，**說到底也就只有「在那一瞬間才有感覺」而已。**

就算跟相愛的人有了一場理想的性愛，讓妳內心的空洞有那麼一瞬間被填滿，妳的「自卑感」或「寂寞感」也不會因此而永遠消失。

所以，最好還是不要抱有「想透過性愛來填補內心空洞」的想法。

正因為讓他人觸及了內心的空洞，才會覺得舒服。

理所當然地，性愛是需要「對象」的。

與其想著要填滿自己內心的空洞，不如試著去觸碰對方內心的空洞吧（他的欲望也正是源自於此）。

所謂的性愛，就是一種「相互觸碰內心空洞」的行為。

7-3 「令人神魂顛倒的性愛」根本不存在？

因為自卑感而很晚才有性經驗，或在婚後對性生活有所不滿而鄙視另一半的女性，很容易受到女性雜誌中性愛特輯或情色電影的影響。

「這世上似乎有著我從來沒體驗過的浪漫愛情和火辣性愛……真希望哪天自己也能體驗看看，但一直沒有機會遇到技巧高超的男人，我自己也對這方面很沒自信，看來這輩子是無法奢求了……。」她們多半會抱持這樣的想法。

「像我這種人，根本沒資格體驗那種會令人神魂顛倒的性愛。」也有女性會這麼認為。

然而，並不是被性愛技巧高超的男性所愛，就能夠體驗到「既浪漫又火辣的性愛」。**到越晚才有性經驗的女性**，越會以為「只要願意獻出自己的身體，男性就會感到滿足了吧？」或是認為：「像我這種沒什麼性魅力的女人，應該無法滿足對方吧？」而心懷膽怯，**被動地等人來愛**。

所謂的「渴望被愛」，就是「渴望自己的欲望被滿足，期望有人能觸及自己內心的空洞，進而受到接納」吧。

然而，她們卻不懂得去「觸碰對方內心的空洞」。

另一方面，也會有人不斷尋求令人神魂顛倒的性愛。**渣男加上迷戀渣男的女性這樣的組合**，有時會尋求「刺激的性愛」。

「這個人雖然不愛我，但跟他做愛感覺實在很棒。像我這樣沉溺其中，還真是可悲……」迷戀渣男的女性像這樣滿足自己的自戀傾向，渣男也會覺得「因為自己的床上功夫了得，才能讓這個女人心滿意足」而獲得自我滿足。

換言之，這就像是**利用彼此的身體自慰**。根本沒有直視對方，而是只想填補自己內心的空洞，自以為正在進行一場「令人神魂顛倒的性愛」。

這樣的關係終究會在雙方感到不是滋味之下告終。

無論是對令人神魂顛倒的性愛充滿憧憬的女性，還是認為跟渣男上床就可以體驗到令人神魂顛倒的性愛的女性，她們都沒有「直視」對方，不想肯定對方內心的空洞。

只要知道彼此「想要的性愛」或「欲望」，相互肯定和接納，並且去摸索「彼此的渴望和覺得舒服的做法」，自然就能享受到一場火辣的性愛。請參閱8—5。

真正讓人感到舒服的性愛，並不是互相傷害的性愛，而是**懂得相互肯定、接納彼此「肉體」和「內心空洞」的性愛**。

一旦能夠做到這一點，妳所能感受的就不只是陶醉於「啊！我正在體驗一場令人神魂顛倒的性愛！」而是只會感受到「我和這個人在當下是彼此相愛的」。

進行一場知道彼此「渴望」，並相互接納的性愛。

7-4 最好別在聯誼時說「人家是M」

有的女性會以輕浮的口吻自我介紹說「我是M[1]喔～。」這樣的女性可能在聯誼會上受到奉承，就萌生愛意，和「自稱有點S傾向[2]」的男人開始交往。

交往後，才發現這個男的其實是非常差勁的施虐者，對人粗暴、令人不悅；或赫然發現自己被當成砲友、被劈腿，或被帶回家過夜卻被要求為對方口愛整整一小時，也可能突然被帶去特殊性癖好酒吧（happening bar）[3]……等等。

自稱有點S的男人，是無法自我接納、無聊透頂，也不會真心愛女方，只想在性愛

①被虐傾向。
②施虐傾向。
③專為特殊性癖好者設置的營業場所。

上成為支配者的男人。

這跟女性所憧憬的「願意付出愛且溫柔」的男性相差甚遠。這類男性知道會說「我是M」的女性其實是**想獲得關愛的人**，只是「渴望有人疼愛自己」，也就是「希望有人能夠填補自己內心空洞」，所以他們覺得這樣的女性很麻煩，不會把她們認真視為對象。

無論是「喜歡沉浸在自己不幸中」的女性，還是自稱「被冷淡對待反而會更起勁」的女性，就算一開始會接受那些說著「那就讓我來欺負妳吧」靠近自己的男性，到頭來心中恨意仍會油然而生。

說來，開玩笑自稱M的女性雖然不是被虐狂，但會認為自己「應該是屬於M」，是基於被愛的強烈渴望，**誤以為「自己如果不接受男性的接受，就無法擁有被愛的資格」**。

當然，這也是因為「內心被父母挖了一個這樣形狀的空洞」。

此外，她們也會無意識地**利用自己是M（被動）的立場，反過來支配男人**。

在沒有自覺到這件事的情況下宣告「我是M～」必定會導致最後傷害到自己。「真正的被虐狂」雖然是有自戀傾向沒錯，不過，他們也明白自己是「透過體驗疼痛來填補內心的空洞」，並且能接納這樣的自己。

同時，這些M也會對給予他們肉體上（而不是心靈上）痛苦的「溫柔的真正虐待狂」心懷感謝。

相較於並沒有相互接納的「開玩笑自稱M的女性＋自稱有S傾向的渣男」的關係，**能夠肯定彼此特殊性癖好的「真正的變態情侶」，反而會因為懂得珍惜對方而有更健康的心態。**

如果妳內心有一個「渴望被支配」的空洞，請不要跟想利用這點來支配妳的男人談戀愛。請去找個「願意肯定妳內心的空洞，支配妳只限於在性愛的遊戲中」的男性談戀愛吧。

讓「支配・被支配的關係」只存在於性愛之中。

遊戲的性愛，性愛的遊戲

有許多抱持虛假自我肯定的渣男，會跟多位女性進行「遊戲般的性愛」；不過以女性而言，則很難去做到這樣。

因為**女性多半是靠「被選中」來滿足自己的自戀傾向**，一開始可能還能抱持遊戲心態；但不久後，就會漸漸浮現出「你難道不能給我一點愛嗎？」的心情，到頭來常常落得受傷的下場。

「藉由性愛來玩遊戲」，則剛好相反。

這是指跟接納（愛）妳的男性，進行一場妳的內心空洞所渴求、即使有點變態也無妨的性愛。

假如察覺到自己有M傾向，也只會在性愛中受到男方的支配，**並不會將「支配・被支配的關係」帶進兩人的日常生活中。**

當然，這件事得清楚讓男方了解才行。

妳或許會覺得「這實在太難了」，實則不然。

只要欲望能夠在性愛中被充分滿足，日常生活反而就會舒暢了。這就是「相互肯定」。

那麼，妳要到哪裡才能找到能這樣做的對象呢？要是把性愛當作誘餌來賤賣或高價出售自己，就很難找得到合適的人。

不過，如果你能夠抱持「渴望找到能夠接納並肯定自己的對象」的意志，願意「去愛」對方和自己，就一定找得到合適的人。因為，那個合適的人也在尋找這樣的女性。

一旦遇到這樣的對象，不妨在性愛中偶而嘗試互換「支配．被支配」的關係來享樂。雖說不知道妳是否曾有過這樣的自覺，但其實女性也常會有「想在性愛中當個支配者」的欲望（內心的空洞）。

同理，在男性的內心深處也會有「想在性愛中當個被支配者」的欲望。不過，如果對象是平時也一同生活的伴侶，就很可能會因為感到羞恥而不易將這樣的欲望顯露出來。

7-5 妳是會玩的女人，還是被玩玩的女人？

之前曾說過「草食男有兩種類型」，玩咖女也可以分成「能自我接納的正面玩咖女」和「無法自我接納的負面玩咖女」這二種類型。

負面玩咖女是利用自己身為渣男的特質來折磨自己。

她們用來接近男方的方式十分諂媚。這樣的女性會**迷上跟自己睡過的男人，渴望對方填補自己內心的空洞，並藉由做愛來達到傷害自己的目的**（藉由踐踏自己來報復父母或之前的男人）。

雖然跟各種男人發生關係，卻對每個人都抱有「戀意或憎恨」，讓男人們認為這女人「很難搞」、「很可悲」，所以也不會想珍惜她。

跟同一位玩咖女上過床的男人們多半都互相認識，她若是負面玩咖女，男人們就會覺得很不愉快，心想：「原來我們都跟這個無聊的（或麻煩）的女人做過了。」

這代表跟女方睡過的男人們，也是一群無法自我接納的人。

無論是「負面玩咖女」，還是「正面玩咖女」，或許都是渴望能消除從內心空洞中湧現而出的「寂寞感」，所以才會和跟眾多男性做愛。

不過，**正面玩咖女並不會抱持著受害者意識**。

她們不會去做些「設好讓對方得手的時機」或「等待對方主動出手」等狡猾的事，只要覺得自己想跟對方做，自然就會去做。

換言之，**正面玩咖女不會把性愛當作誘餌**。

另外，她們也不會想利用自己睡過的男人來填補內心的空洞，或是對他們抱有「戀意或憎恨」，而是對他們心懷著淡淡輕柔的愛意。

她們不僅能接納自己，也能肯定對方。

這或許是因為她們「不跟自己無法肯定的對象做愛」，因為不會緊抓著對方不放，所以會認為「無論是哪種對象，都有值得肯定的地方」。

即使跟許多男人上床，她們也不認為這件事會貶低或提升自己身為女人的價值。

所以，就算跟不特定多數男性做愛，她們的心也不會受傷。

儘管如此，妳也沒有必要特意成為玩咖女，只要去成為自己想成為的人就好。

傷害了妳自己的，是妳的受害者意識。

第八章

有能力愛自己的七種方法

8-1 請別多想情緒，而是先去感受

妳至今仍深受戀愛之苦的原因之一，是否在於「無法處理好自己的情緒」呢？

例如，得知男友劈腿，妳可能會「感覺」到憤怒、寂寞；

不過，妳同時可能也會去「思考」這件事：

「為什麼他會劈腿呢？」

「為什麼我會被劈腿呢？難道那個女人比我還有魅力嗎？」

「他劈腿的對象到底是什麼樣的人？」

「他已經不喜歡我了嗎？」

「接下來，我該怎麼辦……？」

像這樣，很快就陷入負面思考，一股腦地向男友宣洩自己的內心不安和不滿：「都是你不好！」或是去傷害對方。

又或者是勉強自己裝作沒這回事，最後導致自己墜入痛苦的深淵中。

每當妳忍不住落淚的時候，是否會感到自我厭惡，或抱有「為什麼我會這麼軟弱？」「為這種事情而哭，我實在太沒用了……」的罪惡感呢？

童年時期曾被父母沒來由地喝斥「不准哭！」（這其實是來自父母的內心空洞）**的人，一旦心中湧現出「憤怒、悲傷、寂寞」等情緒，大多會斷定這些是「不能去感覺的情緒，哭泣也是不行的」而強忍下來。**

不止是對哭泣這件事抱有罪惡感，更有人會「明明感到悲傷卻哭不出來，因而痛苦不已」。

話雖如此，**世上根本沒有什麼不能去感覺的「不可取的情緒」。情緒是不分好壞**

的。去「斷定」自己的情緒是好是壞，只會使自己越來越難以自我接納。

不要要覺得全是對方的錯，也不要覺得都是自己的錯；不要強忍情緒，也不要抱有罪惡感。那麼，究竟該怎麼做才好呢？

當妳心中湧現痛苦的情緒時，請不要進行多餘的思考、自責或責怪對方、感到自卑或自我合理化，**只要試著去「感覺」自己的情緒就好**。

不要去思考原因、未來或過去的事，**儘管釋放心中的憤怒或悲傷**。

在釋放情緒的當下，無論是整晚嚎啕大哭，還是猛捶枕頭或抱枕發洩都可以。

對於自己熊熊燃燒的情感，請不要拿水澆熄，也不要火上加油，只要好好去感覺那湧現而出的情緒，直到自然平復的那一刻即可。這麼做就能讓妳早一點從痛苦中解脫。

如果難以承受獨自哭泣的苦悶，那就借一下女性友人的肩膀哭個痛快吧。（若是找異性友人，可能會產生「奇怪的感覺」，請儘可能避免這麼做。）

也有人會在情緒高昂的當下，上網分享、抒發自己的「悲傷」或「憤怒」。而該內容是否能獲得朋友們的回應，又會造成自己情緒的亢奮和低落……。不過，**在情緒高昂的當下就「PO上網分享」，對自我接納而言，是一件不能掉以輕心的事。**

能讓人將自我否定感或負面情緒馬上轉化為文字，傳達給戀愛對象或朋友的環境過度增加，也成了近年來「讓女性難以自我接納」的催化劑。

在網路上「為自己記錄下自己的負面情感」，很容易讓人在無形中開始在意是否能獲得他人的關注，進而加強自己的自戀傾向。不過當事人如果能抱持客觀心態，只是為了逗讀者開心而寫，那就無妨。

如果只是想傾吐心情、自我分析，那麼，直接寫在只有自己看得到的筆記本上會比較妥當。

在好好感受自己湧現的情緒後，不僅心情會變舒爽，腦袋也會變得清晰。

如此一來，妳就能明白：「當我遇到這樣的事（某個事件或對方說的話）時，就會有這樣的感覺（憤怒、寂寞或悲傷）。」

這也就是說，妳已經能夠察覺到自己原本無法看見的「內心空洞的形狀」。

在此只要先思考「接下來該怎麼做」就好。

不過，因為和戀愛對象之間發生的種種而感受到的「痛苦情緒」，跟妳童年時期在與父母的關係中「因為年紀太小，什麼事情都做不到」而感受到的痛苦，其實是相同的情緒。

換言之，**妳會藉著在現今戀愛關係中的「再次重現」，期望能就此跨越過去在親子關係中無法處理得當的部分。**因為「內心的空洞，都是由父母所挖掘出來的」。

所以，現在就請試著去「感覺」會讓妳覺得痛苦的情緒吧。這也是為了脫離父母的支配，讓自己能夠接納自我。

自己要先好好地去感覺情緒，然後再冷靜地將自己的心情傳達給對方。
這就是「對自己的情緒負責」。

8-2 只做妳由衷「感到喜悅」的事

妳喜歡為另一半進行口愛嗎？還是會感到厭惡？

如果妳不討厭做這件事，但是「只要一幫他做，就會覺得痛苦」的話，這或許是因為妳是**「為了取悅他，為了讓自己不被拋棄」**而做。

如果妳會有「明明我都特地為了你做了……」的心情，覺得自己有所犧牲，那妳其實就是在「討好」他。

有些女性本來就不喜歡做菜，也不覺得做菜有趣，但卻仍然會努力去做。但如果是抱著**「我已經為了他付出這一切，他一定會愛我的」**或是「女生如果不會做菜，肯定沒人愛」的想法，很快就會厭倦「為了得到他的愛而努力做菜的自己」。男方也會開始覺得「妳為我做菜是理所當然的」，而漸漸不再心懷感激。

至於認為「我所能付出的愛，就是去滿足他的願望或心願」的人，如果對於和另一半的關係感到違和或不安，也同樣是出於這個原因。

在連自己也沒有自覺的情況下，拚命討好對方以求回報；但一旦開始被對方支配、輕視，「無法自我接納的感覺」就會越來越明顯。

無論是做愛還是做菜，如果做的當下能抱持「快樂、開心」的心情，就不會有「明明我都已經為你付出那麼多了……」這種覺得自己有所犧牲的感受。

只要妳是以真心的喜悅享受「和另一半的日常生活或性愛」，對方自然就會為妳做「妳期望他能做的事」。

不過，如果只是「為了得到另一半的愛」而做，對方也會開始只做妳討厭的事。

期望對方為妳做某件事，為了得到對方的愛而勉強自己去迎合對方的要求，最後導致自己傷痕累累的，是一種迷戀。

讓「自己想做的事」變成「他期望我為他做的事」，「他想做的事」變成「自己期望他為我做的事」的，才是一種愛。

討好的口愛只會打造出「像死魚的渣男」

不擅於口愛的女性，似乎很常因為「自己不喜歡，另一半強卻行要求，不知該如何是好」或「雖然很賣力去做了，卻在做的過程中對性愛感到越來越厭煩」等情況而感到煩惱或排斥，導致和另一半的關係出現嫌隙。

如果妳明明不想幫對方口愛，卻總是跟會強迫妳做的男性交往，如果有跟對方好好交談，清楚表明自己的意思，但對方仍然不接受，那就最好要重新思考兩人的關係。

說什麼「沒有口愛的性愛不算數」、「大家都會這樣做，所以妳也得做」，根本沒這回事。

妳「不想口愛」是因為妳內心的空洞，他「想要妳為他口愛」，或表示「其他人的女友都會幫他們做，所以我也想要妳幫我做」，則是因為他內心的空洞。

他如果接納妳「對口愛的厭惡」或「不擅於口愛」，或許到了某一天，妳自然就會想為他口愛。

要是因為被請求而無法拒絕，或是害怕被對方討厭而進行討好的口愛，妳不僅無法自我接納，**也會讓男人漸漸變得在性愛上不主動**。

容易被渣男吃得死死的、無法自我接納的女性，最迷戀的就是「被動的渣男」。

曾有某位女性表示：「我不懂什麼叫做被動的渣男？」簡單來說，最惡質的渣男，就是只會進行被動性愛的渣男。

陷入戀情的女性，為了讓另一半能回頭看看自己，會很賣力地在口愛或日常生活上極盡討好之能事；然而，越是賣力去做，越會讓對方「做愛時總是只會女上男下。妳幫他口愛，他卻不願意幫妳口愛。平時很愛擺架子，做愛時卻很被動。在日常生活中老是想當支配者」。

若只顧著迎合對方的臉色，永遠都無法做到自我接納。

8-3 試著忘記自己的「未來」

大家是不是都被「未來」這個詞過度束縛了呢？

所謂的未來，就是不知道到時會發生什麼事，才會稱為「未來」。

「我在幾歲之前，想要做到這些事」、「我在幾歲之前，一定得做這些事」、「我想在聖誕節前交到男友」……**以上這些並不是未來，而是一種計劃或強迫觀念。**

「要讓妳的夢想實現，擁有一個美好的未來，全憑妳的努力。」這是很常見的宣傳標語，如同宣導「戀愛會讓女人變美麗」的女性雜誌。

這是為了讓妳的自戀受到刺激和逼迫，讓妳為了自己的未來「努力」打拚，好讓某間公司能夠賺大錢。

或者，這也可以說是「來自父母的詛咒」。父母或社會告訴我們的事，究竟是要照做，還是要反抗呢？許多人都在為這其中之一的選擇而「努力」奮鬥。

一旦理想的未來無法如期實現，就會輕易認輸，變得無法自我接納。

能夠真正認為「自己的運氣很好」或「人生一帆風順」的人，能夠覺得眼前正在發生的事很有趣，並享受其中。這也可以說，是他們具備了能夠從眼前所發生的事當中，找到幸福或發現新價值的能力。

這樣的能力和感覺稱為**「偶然力（serendipity）」**。

請容我舉個不得體的例子。這可能會讓不少女性讀者感到不愉快，我在此先向大家致歉，真的很對不起。

某類型的男性去了聲色場所，出來接待他的女性卻不是他所喜歡的類型，這時只要跟店家說一聲，有的店家是可以幫他「換一個人來」的。

好比說，他明明不喜歡肉肉的女性，卻派了這樣的女性來接待。如果沒有要求換人，試著和她一起玩樂，結果就此發現到肉肉女性的「優點」，之後更是喜歡上了肉肉的女性……那麼，這名男性就是發揮了「偶然力」。

去這類場所玩樂，有人會認為：「是男人就不要囉哩叭嗦，乾脆一點。」哪怕是使用者付費，如果一直吵著「不是自己喜歡的類型就不要」，這樣實在太難看了。

無法意識到偶然力的人，在達成目標或遇到好事的時候，雖然在那一瞬間會感到開心，但接下來就會害怕「失去」而陷入痛苦。

若是戀愛的情況，就會陷入「我想和那個人結婚」、「我想讓這段戀情開花結果」或「想讓這段關係長長久久」等對未來的期待或不安之中，以致於**看不清彼此的關係和對方「當下」的身影**。

當然，要完全不訂定未來的計劃，全靠「走一步算一步」來行動也是很困難度的。

不過人只要活著，難免會遇到無法照「計劃」或「計算」來進展的事。

這時無論發生什麼事，都請不要認為這是「不好的事」，要時常往好的方面去想，去感受、接受這件事帶給自己的意義。

如此一來，事情就會往好的方面發展。

話說回來，一開始就要做到「不去要求任何事」，或許不是那麼容易。

如果想讓自己「儘可能不去要求」，訣竅就在於——

「不要執著於計劃好的未來，或是自己『想這麼做』的欲望。」

「當有『好事』發生時，請試著忘掉最初抱持的欲望或心願。」

這就是所謂的「削弱自戀」。

不管怎麼說，在戀愛這方面，女性比男性更容易受到未來的束縛。

這可能是基於「沒交到男友、結不了婚就會被看輕」的社會意識，或生育期限等種種原因所造成的結果。但無論如何，一旦開始拿自己跟他人比較，痛苦就會緊接而來。

話雖如此，世上並沒有「非生小孩不可」這種事。

反過來說，妳用不著在心中做出「因為我是工作優先的人，所以不能生小孩」或「因為我想一直談戀愛，所以決定不生小孩」的決定。

如果妳能意識到偶然力，好好去享受「偶然發生的事」，並從中找到樂趣，就會得到「比妳所追求的還要更好」的事物。

8-4 有沒有「女人味」不該成為妳的煩惱

妳覺得自己有「女人味」嗎？

曾經被男友或父母說過「要像個女生一點」嗎？

如果妳堅決認為：「我絕對不可能變得更有女人味。」「我一點都不想變得更有女人味。」不妨試著稍微改變一下看法。

有非常多的女性，從童年時期就被強迫「女孩子要有女孩子樣……」而萬分痛苦，因為有「無法順利展現女人味」的心理創傷，所以既厭惡也不擅長展現女人味；要是勉強自己展現出女人味，就會覺得自己是在欺騙自己。

例如，不擅長做菜的女性，會認為做菜是一種「有女人味」的表現，會做讓男性開心的馬鈴薯燉肉，就是一種「女人味」。

「像我不會做馬鈴薯燉肉，一點女人味也沒有。因為沒有女人味，所以才結不了婚。」有人會如此心想。

但並不是這麼一回事。

請回想起8－2所提及的「為討好而做」和「因為喜歡做才做」的不同。做菜的女性也能分成兩種類型：

第一種女性雖然口口聲聲說「我是為了男友做菜」，事實上卻是為了「得到男友的愛」才做菜，這其實是一種自戀的表現。

第二種女性則是透過「自己喜愛做菜，身邊也有會開心地吃著自己所做的料理的人」達到自我肯定。

這樣的人就是「有女人味的女性」。

換言之，**所謂「有女人味的女性」，指的是「運用自己的女性性格幫助他人、使他人感到開心，而不要求對方也要愛自己的女性」**。

不過，大多數女性都認為「能做出男性喜歡吃的料理、大方做出受男性歡迎的妝容打扮，並因此受到異性歡迎」的女人才是「有女人味的女性」。

無論是認為「變美的渴望不會受到年齡限制」，還是「為了更受男性歡迎，或是為了得到對方的愛，而刻意去做會讓男方開心的事」，都是自戀的傾向。

這不是「有女人味」，而是「刻意有女人味」。

要是一切順利那倒無妨，但如果老是緊抓著這件事不放，就會失去自我接納的機會而越來越痛苦。

再者，**「展現出女人味」既不是要妳特意去「討好男人」，也不是要妳「喪失自我」**。

如果妳遲遲無法自我接納，則不管變得再怎麼會做菜、變成再怎麼舉止高雅的美人，也難以覺得自己很有女人味。

「有女人味」和「有男子氣概」都是一樣的

某天夜裡，我參加了一個人妖和女裝癖的集會。

因為當中也混雜著「平時以男人的身分過活，只有在參加這類集會時才喬裝成女人的人們」，所以我也試著男扮女裝。

該集會除了扮女裝的男人外，也來了「會對扮女裝的男性感到興奮」的男性。其中包括一位連對我這個看起來只是像「一個戴著假髮、穿著裙子的大叔」的女裝打扮，都會感到興奮的紳士。

儘管那名紳士給人一種只要是「扮女裝的男性」，不管是什麼人都好的感覺，但一想到「我的女裝打扮可以讓這個人感到開心」，幸福感便油然而生。

在這之後，我並沒有因而迷上穿女裝；不過，當時那個滿心歡喜的我，自己也覺得自己似乎很有「女人味」。

話說，該集會也有很漂亮的人妖團體來參加。

我認識好幾位個性很好或很樂在其中的人妖，然而，當時在場的那群人妖卻讓我感到不大對勁。

我不是很了解發生了什麼事，總覺得那群人妖好像分成了兩個陣營相互對立，瀰漫著「我們可是比你們漂亮多了！」的較勁氛圍。

我心想：「長得漂亮也很辛苦呢。」她們帶給我一種「刻意有女人味」的感覺。

接著，我又不禁心想：「難得打扮成漂亮的女孩子，感覺卻一點也沒有女人味。」

會「刻意有女人味」的人總是愛跟他人比較，嫉妒心也很強。這其實是一種自戀傾向，外表看似美艷動人，實則身處在孤獨的地獄。

為了公平起見，我想要先說一下。

男性的「刻意有男子氣概」和「有男子氣概」之間的關係，跟女性的「刻意有女人味」和「有女人味」之間的關係，幾乎可說是如出一轍。

「有男子氣概」指的是「不求回報，運用自己的力量去幫助他人」。有男子氣概的人就是「會溫柔待人的人」。這跟「有女人味的人」是一樣的。

至於「刻意有男子氣概」，指的則是「為了貫徹自己的自戀，而使用自己身為男性的力量」，這跟「刻意有女人味」的心態也很類似。

執著於「身為男人」這件事的人自尊甚高，而且絕不會讓步。這正是會去傷害到女伴，也造成本人自己痛苦不已的原因所在。

渣男也是基於想「刻意有男子氣概」而和眾多女性發生關係。渣男並非真正有男子氣概。

所以，假如妳正苦惱於「自己無法變得有女人味」，或是「明明不喜歡變得有女人味，卻沒辦法順自己的意」，可能就會認為——乾脆**讓自己變得有男子氣概**就好了。

身為女性的妳要是「充滿男子氣概」，周遭的人必定會說妳「很帥氣」、「很有女人味」。因為「有男子氣概」，指的就是「溫柔待人」。

不過說到底，這也是一種「刻意擁有的男子氣概」。

「為了不輸給男人而努力」並不是有男子氣概，這是明明身為女人，卻「刻意有男子氣概」。

身為女人的妳若「刻意有男子氣概」，勢必會被周遭視為是一種「女人的歇斯底里」，導致自己疲憊不堪。

無論男女，想要有男子氣概或不想有男子氣概，想要有女人味或不想有女人味，這都不是問題。

只要男性「有女人味」（例如已婚男性積極參與家事或育兒等），周遭就會認為他「很有男子氣概」，這有助於自我接納，達成並非虛假的自我肯定。

在兩人之中，如果是女方比較喜歡工作，那就「充滿男子氣概」地努力賺錢，讓男性「充滿女人味」地負責家事和育兒吧。

「有男子氣概」的工作型女性，做愛時不妨表現出有點M的模樣。

「有女人味」的居家型女性，做愛時不妨試著主動去愛撫男性（如果這樣做能讓妳感到興奮的話）。

平時「充滿女人味」的溫柔男性，做愛時也不妨試著向另一半不斷出擊。

8-5 做愛時要看著對方的眼睛

拍攝AV時，有時會招募「沒有性經驗的一般男性」，拍攝和女優一起做的初體驗。

當我請來應徵的男性們「在女優面前推銷一下自己」時，有位處男表示：「雖然我沒有經驗，但是我的口愛技巧一定會很棒，因為我一直都很努力獨自練習！請看這個。」

他話一說完，就以極快的速度在半空中晃動著舌頭。我不假思索地拍攝起他舌頭的動作，做事認真的女優倒是教他：

「你就是因為這樣，所以才會一直是處男。你得一邊看著對方的反應，把動作再放慢一點。」

不過，跟這名處男一樣**不會好好看著對方**，**「自以為就是這樣」而拚命做的女性**，其實出乎意外地多，甚至比男性還多。

妳在做愛時，會睜開眼睛？還是閉起眼睛？

有很多女性在做愛時都不看對方的眼睛。

或許是覺得害羞，所以才閉起眼睛。

又或許「女方要閉起眼睛」的做法是從之前的男伴或電影等地方學來的，另外也有人認為：「閉起眼睛比較能夠專注去感受。」

話雖如此，「閉起眼睛」做愛，這就等同於無視對方、只沉浸在自己的世界裡，利用對方的身體來自慰。

我並不是想說「自慰是一件不好的事」，這是得知自己「所渴望的性愛（欲望＝內心空洞的形狀）」的線索之一，妳不需要對自慰抱有罪惡感。但性愛如果變得跟自慰一樣（沒有對象），那就不好了。

AV導演界的大前輩代代木忠曾說過：**「做愛時要看著對方的眼睛，呼喊對方的名字。」**

這是藉由相互自覺「自己是在和眼前這個人做愛」，來確認彼此的連結和信賴感。**最讓人感到舒服的性愛，就是和即使相互凝視、呼喊對方的名字，互說「我愛你」也不會覺得羞恥的對象做愛。**換言之，這就是所謂的「彼此相互接納」的性愛。

當然，這也不是說「非得都睜開眼睛做愛不可」。如果對象是能夠相互接納和信賴的人，也可嘗試「遮眼遊戲」做為性愛遊戲的一環。

女性「假裝自己到達高潮」，也跟自慰沒什麼兩樣。

因為「對男方感到抱歉」或「想早點結束」，而假裝自己達到高潮的人不在少數。這看似在為對方著想，事實上卻是把對方當笨蛋在耍。

對於自己無法達到高潮抱有自卑感的女性、假裝自己達到高潮的女性，以及總是想讓女性達到高潮的男性，都以為性愛的目標在於「性高潮」，但這其實是種錯誤認知。

性愛的奧妙之處，在於女方能夠接收到男方所傳達出的「他因為妳的行為和妳的身體而感到很舒服」的訊息，同時也向男方傳達出「我因著他的行為和他的身體感到很舒服」的訊息。

所以，如果都要用到「演技」，為了增加快感，「多少誇大情色表現」（如果男方也喜歡這套的話）倒是不錯的選擇。

性高潮只不過是「感到舒服」的表現之一，無論是只有一方有快感，或都是某一方在傳達這種心情，都是不妥當的。

明明沒有快感卻還假裝自己達到高潮，事後才暗自懊惱「為何我無法達到高潮……」的人，其實根本不懂得什麼叫做性高潮

越是去假裝自己達到高潮，就越沒有辦法真的達到高潮。

當妳「不去刻意意識到」性高潮時，自然就會達到高潮。

這跟男性「一味焦急地想讓自己勃起，反倒無法勃起」的情況是一樣的。

有不少對性愛並非有所抗拒，自慰時也能輕易達到高潮的女性，「在做愛時老是無

法達到高潮，在達到高潮前就忍不住感到害怕……。」

就連AV女優之中，也有人「在拍攝現場和男優做時可以高潮，但和自己的男友做就無法」。

有人可能會誤解，不過這並不是「男優的性愛技巧比較好」的關係。因為在拍攝現場時不需要特別去想對象是誰，也沒有必要擔心「對方會怎麼看我？」「我會不會因做了奇怪的事而被輕視？」所以才能夠毫無牽掛地擁有「快感」。這也就是說，和喜歡的人做愛時，因為「不想被對方討厭」的心情過於強烈，才會導致自己無法達到高潮。

在無法自我接納的女性之中，也不乏「和沒有愛的對象做愛反倒比較有感覺」的人。

要是妳對於直視對方的眼睛做愛感到害怕，這可能是對方向妳傳達出了「他不愛妳」的訊息，或是妳察覺到「自己並不愛對方」的緣故。

如果是「因為害羞而不曾睜開過眼睛」，就別想太多，試著看著對方的眼睛做一次看看。這麼做可是會讓妳感到舒服好幾百倍。

如果有男性強迫妳一定要閉起眼睛，與其說是因為他會「感到害羞」，更有可能是因為他「內心存在著陰影」。

8-6 注意自己「受到他人感謝」的時刻

我有一位患有進食障礙的女性朋友。

我想這很可能是她「覺得活得很累」的一種表現吧。

有一天，她找到了一份擔任SM女王的工作。

結果，在有被虐傾向的男性之中，有人「會因為被女性吐了一身而感到興奮」。

遽聞當她知道這件事後，似乎就不再會對「一進食就全吐出來的自己」感到自卑或抱有罪惡感。

倒也不是說沒了負面情緒後就不再嘔吐，她還是一進食就會全吐出來。

「內心的空洞」不會消失。不過，如果能注意到**從空洞湧現而出的，除了「不好的東西」外，還有「他人對自己的接納和感謝」**，就會感到輕鬆許多，也就能活得更自在。

雖說這個例子有點極端就是了。

現在的妳**用不著**對「自己做不到的事」或「不自覺就會做下去、無法停止的事」**抱有罪惡感或自卑感**。

無論是改不過來的習慣、對食物的喜惡、被告知「身為女人就該這麼做」，但自己就是做不到的事、興趣、職業、妝容打扮、日常生活的型態、性愛癖好等……都可以不用為了迎合社會、面子、父母，或是交往對象的要求去束縛自己「非得這麼做不可」。

（話雖如此，如果是犯罪行為，還是別做比較好。）

再者，妳該做的並不是「讓未來的自己能夠做到的事」，**而是要盡情去做「讓現在的自己輕鬆（不需要努力過頭）就能達成、自己想做的事」**，以及**「即使並非受人之託、被置之不理，也還是會去做的事」**。

如此一來，自然就能察覺到「他人對自己的感謝」。

常有人說「要感謝自己還活著」，或是「心存感謝很重要」；然而——

「有人說懂得感謝很重要，所以我非感謝不可！」

「只要心存感謝過活，肯定會有好事發生！」

上述這類的「感謝」，其實都是要求回報的「討好」。

迷上渣男卻無法自我接納的女性，一旦和對方發生關係，似乎就會感激地心想：「他這麼看重我，真令人開心！」或許在那一瞬間會有被幸福包圍的感受，但在感謝之後，卻會導致自己「更加無法自我接納」。

倒不如去察覺「他人對自己的感謝」。只要能夠有所覺察，自然就能湧現出感謝的心情。

「不，像我這種人，是不會有人感激我的。不會有人這麼做的。」妳可能如此心想著，但真的是這樣嗎？

8-7 妳不用再「為了被愛而努力」

現今這個世上的男女，人人都「渴望被愛」。

自己不付出愛，只等著被愛的，是第四章所提到的膽小男。
只跟迷戀自己的女性做愛，卻不愛對方的，是渣男。
對於這些男人感到焦慮，強迫他們要「愛自己」的，是肉食女。

「渴望被愛」並不是不能擁有的想法。

問題在於：「渴望被愛」的心情如果過於強烈，只會要求他人愛自己，自己卻不去「愛對方」，只知道等著被愛，自然不會有人來愛自己……像這樣的惡性循環，只會讓自己飽受痛苦。

不妨偶爾讓「渴望被愛的心」休息一下？這不是要妳故意做出會惹人厭的事。「渴望被討厭」跟「渴望被愛」是一體兩面，或者可以說兩者是幾乎一樣的。

請試著不要去在乎「自己到底是受人喜愛，還是受人厭惡」的事。

當妳有辦法做到這點，也就是當妳得以自我接納之際，自然就會有人來愛妳。

不過，實際上要妳「停止渴望被愛」，會讓妳覺得很害怕吧。

妳或許會擔心：我會不會真的變得沒有人愛？最後要是沒有人選擇我，那該怎麼辦？

請盡量不要去想這類的恐懼，本章節已經提供了能夠讓妳自我接納的具體做法。

8─1　請別多想情緒，而是先去感受

8─2　只做妳「由衷感到喜悅」的事

8─3　試著忘記自己的「未來」

法。

8—4 有沒有「女人味」不該成為妳的煩惱

8—5 做愛時要看著對方的眼睛

這五個做法，都是用來實踐「適度控制自己渴望被愛的心，由自己去付出愛」的方法。

關於8—4的做法，如果是男性讀者朋友，就請視為這是在告訴你**「不要仗恃自己『身為男人』來作威作福」**。

至於**8—6注意自己「受到他人感謝」的時刻**，則是在告訴妳，要知道「妳其實比妳所想的更加受到肯定、接納，也比妳所想的更加被人所愛」。

要知道「比起自己所以為的，其實妳是被受肯定、被接納、被人所愛的」。

冰島女歌手碧玉（Björk）所唱的一首歌曲〈All Is Full of Love〉（全部充滿愛），以簡單的英文詩完整表現了我在本書中想要傳達的想法。

我想只要上網搜尋，就可以找到歌詞的全文和翻譯。大家不妨試著搜尋看看。

第九章

妳的 Mr. Right 到底在哪裡？

9-1 妳為什麼總是「不小心就喜歡上了」？

說起來，人為何會陷入戀愛之中呢？

常有人說：「戀愛根本不需要理由！」（會這麼說的人要不是「受到異性歡迎的人」，就是「不小心喜歡上受歡迎的人，而且瘋狂迷戀對方的人」。）但事實上，所有的「戀愛」都有明確的理由。

這並不是因為「遇見了很棒的對象」。

當妳在無意中有了「討厭現在的自己」或「希望自己變得更好」的念頭，就會對妳面前**「看似能夠改變妳的人」**或**「看似能夠帶領妳到某處的人」**有好感，就此陷入戀愛之中。

容易動情的人，就是「老是想要改變自己的人」。

人單靠自己很難有所「改變」。同時，也會對自己的改變感到恐懼。因此，才會需要得以動搖自己的心，甚至是引發不安的「某種東西」。

「像我現在這樣是不行的！」將這種無意識的念頭轉變成對他人欲望的衝動的，正是「對某人的迷戀」。

換言之，「陷入戀愛」就是妳「對現在的自己感到不滿」的證據所在。

無法自我接納的人之所以會「不小心喜歡上某人」，就某方面的意義而言，是極其自然的事。

然而，**無法自我接納的女性一旦陷入戀愛中，就會越來越痛苦**。

認為女性是「被選擇的一方」，或許是一種舊觀念；但這也是因為女性的自戀大多會因「自己被選中」而感到滿足。

至於生於現代的我們，有許多人覺得相親結婚很俗氣，對於戀愛放遠來看是在尋找「將來的結婚對象」的做法，則認為是很自然，而且非做不可的事。

所以，女性只要戀情進展不順遂，不止會受到傷害，還會因為自己無法回應「父母和社會的期待」或「未來夢想」而感到自責不已，導致受害者意識變得更加強烈，更難以自我接納……。

話雖如此——

戀愛這種東西，無論是對女人還是男人而言，本來就是一件痛苦的事。因為一旦陷入戀愛，自然就會明白「自己根本就沒有自我接納」。

既然如此，會認為「明明談了『戀愛』，卻無法變得如所想般幸福，我實在是個糟糕的女人」，可以說是一件很奇怪的事。

無論對象是渣男、草食男，還是廢物男，陷入戀愛的妳一定都會有「當時非談這段戀愛不可的理由」。

妳必須去面對讓妳「當時會覺得非要這段戀情不可」的內心空洞。

這正是妳「陷入這段戀愛」的真正原因所在。

反過來說，我們也能了解到，所謂「戀愛誰先主動誰就輸了。女人就該讓男人迷上妳」也是不合情理的（雖說這麼做確實會比較輕鬆）。

戀愛的進展，不是「走到分手一途」，就是「順利從喜歡昇華成愛」。

無論是哪一種，陷入戀愛的人終究都會知道「人是無法支配他人的」。

我們也可以說，**人正是為了知道自己難以被填滿的內心空洞形狀，才會陷入戀愛。**

戀愛的真正目的並非「得到對方」，而是「了解」自己。

9-2 女孩，請別愛上對妳過度執著的人

如果能夠接納現在的自己，自然也能夠去肯定妳所喜歡上的男性（能夠去愛他）。不過，在這邊卻存在著一個「陷阱」。事實上，並不是「接受任何人的愛意都沒問題」的（雖然這是理所當然的事）。

妳所喜歡上的他，是否真的願意肯定（愛）妳呢？

無論他嘴巴上再怎麼說「我喜歡妳」、「我愛妳」或「我會珍惜妳」，要是會讓妳感受到這些帶有「只要妳為我做這件事，我就為妳做這件事」、「如果妳願意配合我，我就會愛妳」的條件，或是在一起時無法感覺自在的人，最好不要繼續交往下去。

如果妳「還沒有辦法思考到『自我接納』這件事」，有質疑自己「對這個人的好惡」的感覺是好的。但是，當妳閱讀本書至此，如果開始懂得「自我接納的重要性」，那就大可相信自己的感覺。

會帶給妳一場心煩戀愛的對象，在一開始就會討好妳。

這不是因為他想接納妳，而是想藉由把妳變成他的所有物來支配妳。

好比說前男友，或是以前曾喜歡上妳，卻因為妳對他沒那個意思而被拒絕的男性，要是幾年過後又現身眼前，自賣自誇地說：

「請妳看看，我已經有如此驚人的成長了！我可是為了妳卯足了全力呢！」

「妳還是一樣乖僻啊，也差不多該變得坦誠一點了吧……。」

請務必要多加留意。會找一大堆理由來「合理化自己，並接近妳」的人，就是抱持著虛假自我肯定的人。

對妳有所執著的人，只是對於「過去妳和他之間的關係」抱有恨意，想藉由支配妳來「報復過去的自己」罷了。

自我接納，有時也能從接受別人的「感謝」或「對妳的好感」開始。然而，這並不

9-3 「縱容」和「接納」是兩回事

乍看之下似乎進展順利的「差勁的伴侶」，可分成三種類型。

❶「雙方都抱持虛假自我肯定」的婚姻

丈夫雖然是社會上所謂的正派人士（例如：有錢人），卻抱持虛假的自我肯定，對妻子沒有愛；而妻子也只是在利用丈夫的錢來滿足自戀，可能變成購物狂，或變成「教育媽媽」[4]。

看在周遭人們眼中，他們似乎過著「不為任何事情所苦的生活」，但彼此之間卻從不正眼相看。換言之，他們的關係是相互放任、沒有愛的。

假如這對夫妻一輩子都持續抱持虛假的自我肯定，又不分開，那麼他們的孩子內心就會有一個大洞。

④ 日語中的一個貶義詞，指會高壓逼迫孩子唸書的母親。

❷「虛假自我肯定男＋沉迷戀愛女」的戀愛

這是本書一再說明的例子。無法自我接納的女性迷戀上抱持虛假自我肯定的男性，渴望受他支配。女方所要付出的交往（受支配）代價，則是對男方的放任。

其實女方真正想要的，並不是受到支配，而是得到對方的愛（被接納）；但她迷戀上的「虛假自我肯定男」，只會對女方精神虐待。

這是因為他在無意識中看不起迷戀他的女方，對她抱有恨意。

最後，忍無可忍的女方會突然大爆炸。

……至於明白肯定自己和彼此相愛很重要的妳，必須注意別陷入下面所說的情況。

❸「想去愛的女人＋想超越她的男人」的戀愛

好不容易開始自我接納的女性，接受了無法自我接納的男人的好感，成了相絆相羈的關係。

這樣的一對，女性多半看似「有男子氣概的帥氣女性」。在工作或生活等方面，她不會「刻意想當男人，執意想贏過男人」，而是自然而然地具有男子氣概（也就是具有女人味）。

這樣的女性，如果被以前不曾碰過的類型（例如：年紀比她小的男性）喜歡上，因為對方「可愛」就不禁加以放任的話，那麼，原先深受女方的「剛強」吸引，心懷以戀為名的憎恨的男方，就會開始想「超越、支配」她。

「放任」和「接納」看似雷同，實則天差地遠。

被放任的男人不會變得「有男子氣概」，只會想「當個男人」。

等在他前方的，不是虛假的自我肯定，就是對於自己無法具有男子氣概的自我厭惡。

在害怕失去對方的恐懼之下，選擇欺騙自己，對於對方讓妳難以接受的言行舉止視而不見，這叫做「放任」。存在欺騙的關係，總有一天會變了調。

無關乎是否會失去對方，能夠坦率認同對方的「存在」，這才叫做「接納」。

9-4 和另一半吵架的方法

由某一方萌生戀意，步入交往的二人，難免也會碰到吵架的時候。會突然大發脾氣的，多半是萌生戀意的一方（在戀愛權力關係中的受支配者）。正因為是自己先喜歡上對方，日常的不滿情緒總是累積在心中，到忍無可忍的時候就會爆發出來。

誠如第三章所提到的，說起來「戀與恨是出自同源」，所以在日常中一再累積不滿，並非好事。

如果妳是萌生戀意的一方，跟另一半吵架時，要留意幾件事。

表達不滿時，不能只是情緒化地傾倒心中的恨意，**在發怒的同時，也要去了解自己那湧出恨意的「內心空洞」。**

◆當對方對妳做了什麼，妳會有什麼樣的心情？

◆在那個當下，妳真正想說出口的是什麼？真正想做的是什麼？為什麼？

只要特別留意上述這幾件事，應該就能得知自己內心空洞的形狀。

妳對另一半的怒氣，若換個角度來看，也可說是**「在對自己和對方內心的空洞發脾氣」**。

心中的焦躁就讓時間來平復吧。請參閱8—1。

然後，請冷靜地向對方傳達自己的憤怒和不滿。即使在當下會害怕失去對方，也請不要感到恐懼。

如果想跟對方和好，就更要有「就算會失去他，我現在還是有必要生氣」的覺悟，好好向對方傳達自己的怒氣。

9-5 和另一半重修舊好的方法

為了讓兩人的關係有所進展，被戀上的一方必須承受對方的怒火，誠心誠意地「道歉」。

因為萌生戀意者的「憤怒」，所反映出的正是你們兩人的「弱點所在」，也就是「彼此內心的空洞」。

如果只想敷衍了事，什麼事都先道歉再說，是沒有意義的。

表面上的道歉，只會讓萌生戀意的那方因不想分手而讓自己受到傷害，並且反省自己是不是太情緒化，或感到自我厭惡。如此一來，你們就永遠無法發展成擁有愛的「能夠彼此肯定、自我接納」的關係。

並不是說身為被戀上的一方，就可以從高處看人；而是要能理解，對方的「憤怒」

所呈現出的是兩人關係的黑暗面。

請試想：**對方的內心空洞，是對自己內心空洞的哪個部分起了反應？反應又是如何發生的？**等到妳對自己內心空洞的形狀有所自覺，再來針對自己刺激到對方內心空洞的事道歉。

就算覺得對方的憤怒不合理，自己已經刺激到、傷害到他內心的空洞仍是事實。會傷害到對方，是因為妳在內心深處沒有接納那個「被戀上的自己」。換言之，就是兩個人「半斤八兩」。

請不要再用「誰對誰錯」、「誰好誰壞」來斷定。

如果萌生戀意的一方生氣，被戀上的一方請不要強詞奪理，而是要認真地道歉。然後，好好注視著彼此內心的空洞。

只要反覆這樣做，二人「戀上／被戀上」的支配關係，就有可能轉變成「彼此肯定、接納和相愛」的關係。

吵架和戀愛的支配關係

「被戀上的一方（在戀愛權力關係中的支配者）」會生氣，是因為萌生戀意的一方不受其掌控。

被戀上的一方，有時也會看似「老是心情不好」，這類人其實就是在「恐嚇、支配對方」。

為了填補自己內心的空洞而相互利用的二人，一旦吵起架，被戀上的一方多半不是想隨便敷衍、討好對方，就是惱羞成怒不甩對方。甚至也有人會祭出「既然不喜歡，那乾脆分手算了」的殺手鐧。

被如此對待的「萌生戀意的一方」若是女性，就會變成「抱持受害者意識和自我否定感的人」。

而被戀上的男性，則會無視自己所感受到的罪惡感，更加強化自己虛假的自我肯定。

如此一來，兩個人永遠都沒辦法自我接納。**萌生戀意的若是男性，面對另一方的惱羞成怒，會感到大為光火而以暴力相待，甚至可能導致兩人關係的結束。**

正因為是彼此的內心空洞相互起了反應才開始交往，要看清楚彼此內心的空洞，最終唯有相互注視一途。

要是兩人的關係已無力回天，那還是早點分手為上策。

9-6 分手的方法：如何和他說再見

戀愛總有一天必定會結束，並不會持續一輩子。如同9－1也曾提過：兩人交往後，一旦知道對方是會經常讓自己受傷的人，要不是讓戀情就此破滅，就是藉由彼此接納來「讓戀轉變為愛」。

當戀無法順利轉變為愛，走到分手這一步時——

無法自我接納的人（在這場戀愛中無法自我接納的人），有時會因為分手的混亂，將以往的痛苦歸咎在對方身上，以致心中充滿憎恨。

不過，這其實是因為從對方身上看到了自己不好的地方、看到無法自我接納的部分，自己憎恨的其實正是自己本身。或許就是因為無法跟自己分手，所以才不得不憎恨對方。這不止是戀愛關係的清算，也可套用到破裂的友誼關係。

「反正都要分手了，不如去恨他還比較容易分開。」有人可能會如此心想。

但是，心懷恨意結束戀情，之後很容易會再喜歡上同類型的對象。這樣的人會故意去觸碰妳內心空洞裡一受到刺激就感到痛苦的地方。

我有位女性友人，在跟交往對象分手時「總是憎恨對方」，「即使交了新的男友，對前男友的憎恨也不曾消失」。

唯有某位男性讓她可以不抱著憎恨分手，甚至分手後還能夠持續做朋友。她也非常驚訝自己能有這樣的表現。

這是因為該名男性不把「分手的願因」歸咎於她和自己，而是在接納、肯定彼此內心空洞的情況下分手。無論原因為何，只要能夠「在肯定彼此存在的情況下分手」，就不會對對方心懷憎恨。

而要做到「在肯定彼此存在的情況下分手」，首先，就必須理解從對方身上所看到自己不好的地方，是「存在於自身的一部分」，懂得原諒自己，並不要抱持任何的罪惡感或受害者意識。

只要不突然改變態度自我合理化，不自責也不責怪對方，並能針對自己給對方帶來困擾或傷害對方的部分自我反省，自然就能接納自己的缺點或不好的地方，進而「原諒對方」。

要是無法原諒傷害妳的人而倍感痛苦，不妨試著從「接納無法原諒對方的自己」開始做起。

在這之後，為了不讓傷害妳的人的內心空洞（那個空洞正是對方讓妳深受吸引的地方）再次傷害妳，也為了不讓自己去傷害對方——還請遠離他吧。

無論是在物理上還是心理上，都要保持能夠肯定對方的距離，退離到能讓自己用不著去顧慮對方的地方。

這就是「肯定對方的分手」，換言之，就是**「懂得原諒、不執著，分手後依然有去**

愛人的能力」。

只要能夠做到這樣，當妳開啟一段新的戀愛關係，或許就能感受到比以前更能夠與對方相互接納（相愛）的自己。

「放棄」代表的意義

戀是一種「渴望」，所以雖然痛苦，也仍有刺激和快樂。

愛則不是「渴望」，而是去「看清」自己或對方內心的空洞，或許比較沒有那麼快樂。

所謂「看清」，是指認同、接納彼此內心的空洞，不去判別是非好壞，並懂得珍惜眼前所見的事物。

而同時，這也是指「放棄」某項事物。

說到「放棄」，總會給人不好的印象。好比說「放棄的話就輸了！」或是「放棄的話就到此結束了！」

話雖如此，「放棄」其實是近幾年才被用於負面的意思。「放棄」（日：あきらめる）原本和「究明」（日：あきらかにする）同為一詞，具有「知道真相」的意思。

對於「渴望擁有卻得不到的東西」，不是勉強放棄，而是**明白「會讓自己受苦的事物，不是自己真正需要的東西」，所以才放棄**。

再者，這不只是叫妳「放棄已分手的對象」，更是因為妳「愛著這個人」、「會一直愛著他」，所以也不得不放棄**妳心中面對自己的某個部分**。

如果只是談戀愛的對象，可能會是妳的「理想對象」；不過，相愛的對象則是「跟妳同樣有缺陷、活生生的人」。

這時，不是用如坐暗室的沉重心情來放棄，而是要用朝向光明的心情來放棄。**雖然現在無法獲得所追求的事物，但深信一定會有其他更適合自己的光明事物，所以才願意放棄。**

若是這麼做，就不會覺得「放棄」是件比以往更痛苦的事了。

在看似即將會失去一段戀情之際，如果發覺自己有想緊抓著對方不放的傾向，請這樣告訴自己：

「用不著去做自己做不到的事。」

愛和被愛，明明看似可以辦到，卻察覺自己無法完全放棄某項事物，越來越想逃跑時，請這樣告訴自己：

「差不多也該放下『再努力一下就好！』的想法了。」

為了獲得無法到手的事物所做的「努力」，如果會讓妳感到痛苦，那就是用不著去追求的事物。

9-7 理想中的伴侶

現在存在妳腦海中的「理想對象」，並不存在於這個世上。

但是，在某個地方，必定存在著能夠跟妳成為「理想伴侶」、與妳共結「幸福戀愛關係」的人。

這個人的存在，會讓妳得以察覺到「自己可以自我接納」。

他既不會是「妳所迷戀上、所憧憬的人」，當然也不是「會傷害妳的人」。重要的是，他是妳「不用勉強自己就可以去愛（去接納）的對象」。

在此，試著列舉出理想伴侶的類型。

❶「萌生戀意的男人＋願意去愛的女人」的伴侶

認真的男人戀上女方，讓女方可以自我接納，不逃避這份愛戀；即使交往後，男方的心意也一直不變，女方也沒有瞧不起或放任男方，而是能持續接納、肯定（能夠去愛）對方，最終得以「讓戀轉變成愛」。

❷「相思相愛」的伴侶

相互尊重，雙方都有「因為有另一半，自己才得以自我接納」的自覺，並對此心懷感激。

周遭人們都會說❶是「最可愛的伴侶」，❷是「最成熟的伴侶」。無論哪一種類型，他們都是「深愛對方卻不放任」，**「彼此都需要對方」**的一對。

至於「因為女人戀上男人，而讓男人懂得了自我接納，成為非常溫柔的人」的第三種類型（**說不定是妳「最想成為」的類型**），難道不存在嗎？

這相當困難。因為這世上多的是**「一旦被女人戀上，就會抱持虛假自我肯定的男人」**。

9-8 如何找到對的他：妳會的，妳會幸福的

能帶給妳幸福的男性——

既不是會輕易做出虛假自我肯定的男人，

也不是無意自我接納的男人，

而是「能靠著自己的意志確實自我接納的男性」。

在此試著列出辨識的要點。

◇自己清楚知道自己還無法做到自我接納。

◇知道自己內心的空洞會帶給他人困擾。

◇不會對這件事突然改變態度。會突然改變態度就是「虛假的自我肯定」。

◇不會否定「妳內心的空洞」，但也不會放任。壞男人會藉由否定妳或放任妳來「支配」妳，跟「爛父母」會做的事一樣。

◇不會從高處看人，「假裝很了解妳」，而是會接納妳原有的樣子。

◇跟對方在一起，會讓妳感到安心自在。

◇彼此都對這件事心懷感激。

接著，最重要的是——

◇無論是妳還是對方，都因為兩個人在一起而能夠有好的轉變。

這樣的人，才是妳的「Mr. Right」。

能否彼此相愛（相互接納）的關鍵，只在於**「契合度」**和**「時間點」**。

第十章

女性讀者的戀愛Q&A

10-1 A子小姐（26歲）～前男友是大男人

二村　A子小姐到目前為止，所交往過的男性大多是哪一種類型呢？

A子　二村先生在本書中所提到的無法自我接納的男性，可以分成「渣男」、「宅男」、「大男人」、「恐怖情人」這幾種類型。我在一年前分手的對象，完全就是個大男人。明明交往前還是個宅男，交往後就漸漸轉變成大男人。

二村　宅男型的男人一旦有了女友，突然就變成想支配女方的「大男人」或「渣男」，類似的例子可說是不勝枚舉。他是個什麼樣的人呢？

A子　他凡事只會想到自己，總是以自己的生活為第一優先，根本沒有我可以插手的餘地。一開始我都還會配合他，後來就對他只想依自己的步調生活感到越來越痛苦。

二村　他有劈腿嗎？

A子　嗯……我想應該沒有。

二村　他有在工作嗎？或是管妳管得很緊？具體而言，他有什麼「讓人受不了的地方」呢？

A子　收入的話，是我賺比較多，不過他也有穩定的工作。對我也不會管得很緊。

二村　光是這樣聽起來，客觀而言會讓人覺得「看起來沒什麼問題」。如果是渣男，可能會有劈腿的問題，而恐怖情人則可能會造成讓人覺得困擾的實質損害。不過，大男人「模糊的支配」，如果不是受害當事人，其他人可能很難體會得到。

立志成為音樂人，自稱「法外之徒」的男人

A子　老實說，他立志成為音樂人，十分嚮往「法外之徒」的生活方式。

二村　他或許是藉由認為自己「很特別」來進行虛假的自我肯定。這樣的話，應該發生

了很多會讓您感到焦躁的事吧？

A子 這倒是真的。最讓我生氣的，是我們兩個人對結婚沒有共識。我跟一般人一樣有結婚的打算，也把我的想法跟他說了。他也回答我：「如果要結婚，我會選擇妳。」所以，我又跟他說：「既然如此，那就得開始存錢了。」但是他卻毫無這方面的規劃。比起為將來做準備，他反而優先選擇把錢花在每天續攤喝酒，或是買自己喜歡的小東西上。不過說起來他也才二十多歲，還年輕嘛，看他這樣我也拿他沒轍。

二村 日常生活的花費，大多是妳幫忙出錢的嗎？

A子 雖說還不到全靠我供養的地步，不過，像是外食費或旅遊費等，也曾經全額由我買單過。

二村 如果女方賺得比較多，或是由有錢的人來付費比較不會傷害到彼此的話，我倒認為這不會有什麼問題。拿「錢是老子在賺」當作後盾來支配女方的大男人也不在少數。

A子——最讓我看不慣的是，他明明沒什麼收入，卻不知為何硬要在市中心的高級地段租房子。一直住在房租高得跟收入完全不成比例的房子裡，也不管自己的存款連十萬日圓都不到。都已經年過二十五歲還過著這樣的生活，我認為這樣很糟糕。所以，我試著勸他：「也該試著重新安排一下自己的生活了。」卻看不出來他有想改變的樣子。如果跟他說：「至少搬到房租比較便宜的地方吧？」他就會回我說：「我就是嚮往住在市中心的生活，就算沒錢我還是會一直住下去，絕對不可能搬家。」

二村——看來對他而言，住在市中心就等同於「法外之徒」的生活吧……

跟「完全不打算改變自己的男人」談戀愛

A子——因為這樣，這也成了我們分手的契機。如果他只是想住在市中心，那倒也無妨。

但根本不是這樣，跟他在一起時，連我的期盼和意見他也完全無視。與其說讓人生氣，更讓人覺得難過。他完全不打算改變自己，看他這個樣子，我覺得我大概沒有辦法一直跟他生活下去。

二村

對立志成為音樂人的人而言，「不打算改變」是很糟糕的想法吧。我認為所謂的表演者（雖然這種說法像是給人特別待遇似的，有點尷尬）或藝術家，只能靠自己本身的「改變」來持續創作，但是世上卻到處流傳著類似「越有才能的人，越是固執」的說法，導致「明明對自己的才能沒什麼自信，卻想成為表演者的人」時常會想從模仿這件事開始做起……。

不只是在藝術圈，在商業領域也常會有「自視甚高的男性」。越是沒有自信、無法接納這樣的自己的人，越會想支配身邊的人（另一半或下屬），而拒絕去改變自己的作風。

A子

我們公司也有這種人。

二村 像A子小姐前男友這類型的人，就是很執著於維護自己的領域。不過，無論是表演者還是商務人士、男性還是女性，能夠在自己人生當中「一邊做出成果，一邊快樂過活」的人，就是「不害怕藉由和他人接觸來改變自己」的人。

說得更深入一點，為什麼人要談戀愛或結婚？又為什麼人會陷入戀愛之中呢？大多數的女性可能會覺得是「為了得到幸福」；至於男性，回答「為了得到幸福」和「為了做愛」的人可能會各占一半。但這其實是錯的。

A子 咦，是這樣嗎？

二村 喜歡上某人等同於迷戀上某人，就結果而言，這會「讓人不得不注意到自己所欠缺的部分」。換言之，人是「為了更認識自己」才陷入戀愛之中的。透過交往和他人建立密切的關係，必定會產生摩擦，也才得以看見他人和自己的「內心空洞」。

不過，妳的前男友並沒有對你們的關係負起責任，他執著於維護自己，而這點透過房租的問題顯現了出來。金錢其實是一種象徵。

A子　我也不是非得跟有錢人結婚不可……。

二村　我想妳所說的「年紀不小了，也該好好振作一下了。還是搬去符合自己能力的房子住吧」這番話，是因為他原本抱持的罪惡感和潛在的自我否定意識作用在妳身上，而「讓您說出口」的。簡單來說，他是特意選擇總有一天會說出「這件事」的妳來當他的女友。他下意識裝出必定會讓妳發怒的樣子，故意惹妳生氣，然後打算藉由忽略妳的憤怒來忽略自己心中的罪惡感。

比起去認識自己，我認為他更想把精力耗費在讓妳對他屈服這件事上。事實上，住在市中心不是件必要的事。說得極端一點，他很可能是為了引起妳的煩躁，才會死都不搬走。也就是說，他是為了攻擊在他心中象徵罪惡感的「妳」才這麼做的。

A子　如果真的是這樣，這打擊也太大了……。

二村　對了，你們之中是誰先提出「交往」的呢？

A子　是他先提的。

二村 在無法自我接納的人的愛戀之中，一開始就包含了「憎恨」的成分。就算妳跟他說「這樣不行」，他也會固執己見，說「我就是要這樣！」藉此進行虛假的自我肯定。換言之，你們的戀愛會走到分手一途，並不只是「某方單方面的錯」。我想A子小姐自己也有一個遇到前男友時，就不得不和他交往的「內心空洞」吧？

A子 我好像老是喜歡上軟爛男呢。一旦交了新的男友，身邊的人都會跟我說：「妳太放任他了。」如果這不是對方不好，難不成是我自己造就了軟爛男的嗎？

二村 像這類「可能是我讓對方變成軟爛男」的不安，也是A子小姐缺乏自我接納所產生的。妳會在什麼地方「放任」他呢？

A子 我身邊朋友常跟我說，說我不太會叫男性「要那樣做、要這樣做」；雖說我對前男友的存款和房租等等有提出意見，不過除此之外，對於時間安排或約會地點等，我大多會讓他決定，儘可能不要去干涉他的想法……。

二村 這是因為妳害怕如果去干涉對方，就會被他討厭吧。

在童年時期常被父母說：「要堅強一點」、「要多為別人著想」

二村　問題不在於妳所做的每一件事，只要在妳心裡還存在自我否定感，不管再怎麼做，都會被那份自我否定感給撕裂。妳就是為了體驗「被撕裂」的感覺，才會選擇了能讓妳體會到這種感覺的男性吧。

A子　是這樣嗎？

二村　在妳小的時候，父母是採取放任教育？還是嚴格的教育呢？

A子　我想應該不是放任教育。因為我下面還有一個弟弟，總是會被提醒：「妳是姊姊，要更堅強一點。」

二村　說到「下有弟妹的大姊」，有很多人在成長過程中吃了不少苦呢。

A子　是啊……。還有一句爸媽常對我說的話，也讓我印象深刻，那就是：「妳太不懂得體貼了，要多為別人著想。」

二村　父母這種生物，真的很常毫不在乎地說出這種話……。不過，我想這句話應該不是妳父母經過深思熟慮才說出口的，而是剛好看到妳在跟弟弟吵架之類的，才無意中脫口而出、並不是真的帶有什麼意思的話吧。

A子　……。

二村　這句話已經牢牢刻在A子小姐的心底。妳看起來非常有女人味，散發著溫柔的氣息，似乎很會為人著想。

A子　不，根本沒這回事。

二村　妳看看妳，馬上就反射性地做出回應。妳不認為自己是這樣的人，一旦想到這一點就會覺得難為情。但是，妳給人的印象就是這樣，就不要再排斥了，還是坦然接受吧。

我想妳大概只要不溫柔待人，就會覺得有罪惡感。這也是出自妳「被父母所挖出的內心空洞」。一個人散發出的氛圍，所展現的就是他的心。人外表的特徵，不是單靠遺傳基因就能說明的。像我小時候，我媽很愛對我說：「阿仁的雞雞很大喔！可不能惹女孩子哭喔！」結果長大還真的變成這樣……。

A子：哦！（笑）

二村：我認為A子小姐會被軟爛男吸引，很可能是受到妳和弟弟之間的關係，還有和父母之間的關係的影響。「我一定要堅強」、「我要懂得為別人著想」，正因為這些想法伴隨妳一起成長，妳才會認為「我必須幫這個人收拾爛攤子」不是嗎？因為妳「沒有辦法棄對方於不顧」。

這麼說或許有點苛刻，但妳這樣其實是「看不起對方」。認為自己贏過了對方。但在妳心底，卻也同時潛藏著「他跟我不一樣，看他一副過得隨心所欲的樣子，實在令人火大」的感受……。如果妳的前男友有氣魄去面對那個「被撕裂的妳」，勢必就會有所改變。他錯過了改變自己的機會。這樣的關係是不會幸福的。

A子：果然是這樣……。

二村：所以你們才會在談戀愛的同時抱持憎恨。憎恨只會讓你們「為了填補內心的空洞而相互利用」，並且讓兩個人都討厭自己。有句話叫「破掉的鍋子也會有相配的鍋蓋」，用來說明兩人的關係，就是要接納自己的缺點，也接納對方的缺點，而非放任，而且彼此還要相互彌補。

不過，因為人並不是為了「要獲得幸福」才會陷入戀愛之中，所以妳和前男友所談的這一場戀愛還是有意義的。

最好的伴侶是「因為與妳相遇，而讓自己變得更好的男性」

A子

根據二村先生的說法，無法自我接納的女性會碰上的男性，只有「大男人」、「渣男」、「宅男」或「恐怖情人」。在這當中，還算可以的男人就是宅男吧。如果是這樣，我之後也必須跟宅男交往才行嗎？

我自己也有一點宅女特質，對於感覺像是宅男的男性毫無抵抗力。前一次的戀愛就是因為覺得對方是宅男，誤以為我們應該會很契合，誰知道交往後他就變成大男人，所以我有點擔心。

二村　我想不是只有妳會這樣想，無論男女都想找「正經像樣的對象」，所以會對「如果不是正經像樣的對象，就沒辦法去愛他」或「如果沒找到正經像樣的對象，就無法獲得幸福」的說法深信不疑。
為了獲得幸福而拚命尋找「優質的異性」，雖說這跟為了滿足自己欲望而一再重複戀愛遊戲的渣男所做的事看起來恰巧相反，但本質卻是一樣的。所以不但永遠不可能找到「優質的異性」，欲望也永遠無法被滿足。

A子　原來如此。

二村　我已經說過好幾次了。戀愛的目的不是為了獲得幸福，而是透過戀愛去察覺到自己「內心的空洞」。當妳對自己有所了解時，若能認真去思考「如果希望自己活得更自在，我有什麼是該放手的？又該如何接納現在的自己？」這些問題就有辦法改變。如此一來，自然就會獲得幸福。

女性沒有必要去栽培、教育男人，或是提供他幸福的生活，這些是不可能做到的事。當然，女性的幸福也不是靠男人來給的。
如果兩人的交往能讓男友變得更好，也讓妳自己變得更好，你們就能夠一起獲得各自的幸福。

A子 經歷過這次的失戀後我有了改變，已經打定主意「絕對不要再照料軟爛男」。那麼我該怎麼做，才不會又上了軟爛男的當呢？

「放任」對方跟「接納」對方是不一樣的

二村 聽了妳的分享，這次的前男友是他先對妳萌生戀意，然後在妳接受之後就現出了「大男人」的本性。這不是因為妳放任他，才導致他變得沒用，而是你們的關係打存一開始就存在許多會導致分手的要素。既然妳已經認為「自己已經可以不再去照料軟爛男；而就算不這麼做，也能覺得自己是個腳踏實地的人」，如果妳能夠原諒從無法放任對方的罪惡感中獲得自由的自己，就會知道「放任」對方跟「去愛，去肯定、接納」對方的不同。

A子　這就是自我接納吧。

二村　這樣一來，會讓妳在愛戀之中心懷憎恨的對象就不會接近妳；至於能讓妳給予肯定、不會想放任他的人，以及會因為喜歡上妳而讓自己變好的男性，必定會出現。這很奇妙，又或者是說，妳會發現到這樣的人其實就在自己身邊。

A子　如果說得具體一點，對方會是個什麼樣的人呢？

二村　抱歉，我沒辦法說得非常具體。我想他會是個因為能獲得妳的愛，或是因為他對妳的愛，而得以將眼光放在自己應該有的樣子的人。

A子　這就是「會願意配合我的男性」嗎？

二村　不是這樣的。妳自己也必須有所改變。不，應該說，只要兩人關係良好，彼此自然就會有所改變。不是去「配合對方」或「討好對方」。用不著勉強自己，就能讓彼此「活得更自在」，變得「能夠肯定對方，也能夠接納自己」的人，就是理想的對象。

A子 可是，感覺很難有人會喜歡上像我這樣的人。那個人之後真的會出現嗎？

二村 有很多女性都會說同樣的話，那個人一定會出現喔。雖說妳是否能接納自我也是個問題……但只是因為妳無法原諒自己，所以才沒有注意到而已。期實在妳周遭，就已經有很多對妳有好感的男性。

A子 所以說，只要我抱持「我是個『好女人』，一定會有人喜歡上我！」的想法，就能夠看到那個人了？

二村 小心別讓自己過度積極或做過頭而變成一種傲慢。這樣就成了女性版的虛假自我肯定，是對自己的一種勉強。

A子 總覺得我一直搞不清楚什麼是原諒自己，不知道該怎麼做才好。真要說起來，我實在不知道自己在什麼樣的狀態下才有辦法自我接納。

二村 很多人都會說「我想要做自己」。這也是很讓人摸不著頭緒。因為這種說法是利用自我合理化來達成的虛假自我肯定，沒什麼價值可言。一個人所自認為的「真正想成為的自己」，事實上很可能是受社會所要求的「正當性」壓迫而成的結果——他們「被迫以為這是自己想成為的樣子」。

如果先不說自己想成為的樣子，對妳而言，什麼樣的狀態才是以最不麻煩的方式來做自己，讓妳既不會感到痛苦又能夠活得自在呢？

A子 大概是能夠一面享受生活，又能夠做很多事吧……再來就是，想成為一個對任何事都不會感到不安，屬於樂天派的人。我沒有辦法說得很清楚。

二村 這就像是一種問禪，我認為祕訣就在於，也要懂得去「原諒」無法百分之百接納自我的自己。

〔文字整理：藤村春奈〕

（首次發表：cakes https://cakes.mu）

10-2 B子小姐（35歲）～前男友是渣男

二村 B子小姐到目前為止，談過哪種戀愛呢？

B子 從年輕的時候就很常被渣男吸引，厭倦了跟渣男談戀愛後，就改跟正經的人交往，結果又因為覺得無趣而分手；後來一回過神，就發現自己又開始跟渣男交往……就一直重複著這樣的模式。

二村 可以跟我多說一些有關上一個妳交往的渣男的事嗎？

B子 我跟他已經分手了。他原先是我職場的前輩，年紀比我大。在我們相繼辭職後，因為他的追求而開始交往。但我總覺得怪怪的，隱約嗅出他好像有劈腿的味道。

二村 戀愛中的女性對於男人劈腿的味道相當敏銳呢。

B子 這對我來說是輕而易舉的事。不過，他並沒有做出追求其他女人的舉動，而是在某天被我發現了難以湮滅證據。

二村　哦？

B子　前同事告訴我：「那個人好像打算要結婚了。」雖說我和他之間不曾談過這件事，但我一聽就感到莫名開心，心想：「他老是令人起疑心，想不到還真的有好好在思考跟我結婚的事。」啊，順帶說一下，我沒有跟那位前同事提過我們在交往的事。

二村　原來如此。

B子　但是，前同事接著又說：「我本來是想打他手機，結果不小心打到他家去。有個女人接了電話說：『他現在不在家。』所以我才會想說，他們是不是有規劃要結婚才先同居。如果只是普通的交往，他女友應該不會幫忙接他家的電話吧。」我當下氣得七竅生煙，整個人都呆掉了。我馬上打電話逼問他，結果他假裝不知道地回我說：「我哪有跟女人同居，聽不懂妳在說什麼。」我一聽更是氣到不行，就要求他說：「我們約出來談吧，我要你把話說清楚。」然而，他每次都用「工作很忙」來推辭，避不見面，就這樣過了二個月。後來，我透過朋友得知，他這段期間根本沒在忙，還跟朋友到處去玩，去唱卡拉OK、玩射飛鏢，或是打高爾夫球之類的。最後我已經氣到發狂，他才約我出來見面，帶我去吃法式料理。

二村　這聽起來還真刺耳哪……（笑）。啊，先不用理會我說的話，請繼續說下去吧。

B子　那時候，我的怒氣也漸漸平復下來，就一邊用餐一邊等著他開口解釋。結果，他只是津津有味地吃完這一餐，就打算要回去了……。我超級錯愕，已經不知道該說什麼了。

二村　妳沒有在用餐的時候，主動開口問他嗎？

B子　現在回想起來，我當時應該是很害怕會聽到他說出事實，說：「我已經有未婚妻了，跟妳只是玩玩而已，我們分手吧。」所以提不起勇氣開口問他。

二村　聽妳說到這邊，我感覺整件事似乎都只是妳個人的揣測而已。妳自己有察覺到嗎？

B子　不，沒有……我也不是很清楚。

二村　說起來，那位接起他家電話的女性是不是真的是他的未婚妻？女友？還是同居人？根本無從得知。搞不好是他的母親或妹妹也說不定。

B子　什麼嘛，這簡直就像是渣男才會說的藉口。（笑）

二村　呃……（笑）

B子　那天吃完飯後，我就像有哪條神經斷掉似的，心想：「算了，就到此為止了。」既然他什麼都沒有說，這不就表明了他的心情嗎？不但裝作我們沒有起爭執，也完全沒有想要改善我們之間的關係。所以，我後來就主動提出分手了。沒想到分手後，他還是會定期打電話給我，若無其事地約我出去吃飯。不僅如此，在他工作碰到瓶頸或是心煩的時候，還會向我大吐苦水。因為我的心早已沒有感覺了，只覺得這個人是笨蛋嗎？真的完全沒有辦法理解。

二村　我在此代表所有男性代替他向妳賠罪，真的很對不起。

B子　不，就算賠罪也……（笑）。這種渣男即使道歉也只是敷衍了事，根本完全不會有改變，不是嗎？不知為何，總覺得二村先生跟我前男友好像喔（笑）。

二村　我做得太過頭了，真抱歉（笑）。

B子　為何渣男會讓人有這種感覺呢？他們好像欠缺身而為人該有的常識。我很想知道渣男內心的空洞，希望今天你能告訴我。

二村　我明白了。話說回來，B子小姐的怒火還真不是普通的大呢。

B子　啊，就是說啊，真不好意思，我發了一頓脾氣（笑）。我剛才只是想將對前男友的不滿統統宣洩在二村先生身上。因為你剛剛說了「接電話的人搞不好是他的母親或妹妹」，這種孩子氣的藉口，實在是太像我前男友和之前曾交往過的渣男們會說的話了……（笑）。

二村　不，那個我也……嗯，總之我今天就代替你前男友，讓妳好好洩憤個過癮吧。雖說我很不擅長應付別人的怒氣，不過今天我會全部承受下來的。說到這裡，我接下來想問的問題可能會讓妳更生氣，剛剛妳有提到「身而為人該有的常識」，不知對妳而言，這是指什麼呢？

B子　好比說，「交往後不可以劈腿」啦，或是「一旦交往或結了婚，就永遠愛著那個人」之類的。

二村

「男人的常識」和「女人的常識」是不一樣的喔。在男性社會中，能夠和眾多女性發生肉體關係的男人，大家都會對他投以敬佩的眼光。不過在以前要是結了婚，就像是到了算總帳的時刻，連那種愛玩的渣男也會穩定下來。如果從女性的角度來看，也會希望原本到處拈花惹草的男人能夠在自己身邊穩定下來。就算老公有了外遇，對此抱持「只要他的心還在我身上就好」這種想法的老婆，也會被視為「好妻子」。當然，這都是為了迎合男性社會……。「情緒」和「社會規範」是不一樣的。產生情緒的原因是來自父母對當事人所造成的傷害，所以每個人都不盡相同。渣男有著「渴望跟許多女人做愛」的內心空洞；飽受渣男折磨的女性則有著「一旦遭到背叛就會咆哮大怒」的內心空洞。至於女性遭到背叛會如此怒不可抑，是因為「自己所擁有的部分減少了」，或是害怕自己會被拋棄。而有別於一團亂的情緒的，就是社會規範了。規範是有彈性、能夠被打破的。如果「一旦交往或結了婚就不能劈腿」是一項規範，並不是所有的人都會遵守，也有女性會違反規範。即使這不是能夠原諒的事，但許多人內心空洞的妥協點就成了社會規範，讓多數人不會感到痛苦。但這樣的規範，在目前整個社會上卻面臨重重阻礙……。

B子　呃，二村先生，不好意思，老實說你說的這些事對我來說根本無關緊要……我並不是想聽什麼社會背景和大道理。我只想從情感層面了解我自己，想知道渣男前男友和二村先生的內心究竟是什麼樣的狀態？因為我不清楚渣男的生態，才希望能夠有進一步的了解。

二村　啊，抱歉。嗯……我的情感嗎……（望向遠方）。

不懂得「接受」的渣男

B子　首先，對渣男而言，「交往」是什麼呢？

二村　這個嘛，就是「確保有個可以做愛的女人」。

B子　咦咦咦！說得這麼直接……氣憤過頭反而忍不住笑出來（笑）。這是真的嗎？

二村　雖說已經彼此約定好要「交往」，但渣男從來不會有「不能跟其他女人做愛」的念頭……。對B子小姐而言，交往又是什麼呢？

B子　對我而言，「交往」就是「共同享有時間」。

二村　是兩人在指交往期間要一起生活嗎？

B子　不是只有「交往期間」，而是「二十四小時都在一起」。就算因為工作和住處的關係，會有物理上沒辦法在一起的時候；但我還是會希望在這段時間裡，能有兩個人一起生活的感覺。也就是說，彼此的心是二十四小時緊緊相依的。

二村　妳為何會想要這種感覺呢？

B子　我想是因為想要有個可以共度餘生的伴侶吧。

二村　但，這樣不管是誰都無法完全填滿妳的內心空洞的。因為每個人都是獨立的個體。就算結了婚，可能也會因為彼此的興趣不同，讓兩人的心無法二十四小時都緊緊相依。

B子 我怎麼覺得話題又被岔開了（笑）。

二村 啊，真不好意思，話說我最近也開始覺得自己「老是在岔開別人的話題」。回到原先的話題，其實連我也會追求「兩人一起生活」呢……。

B子 是嗎？那為什麼不這樣做呢？

二村 因為會一直想去別的地方……去找各種不同的女人……。

B子 （笑）。去找各種不同的女人，這樣又能得到什麼呢？只有一個人無法讓你滿足嗎？

二村 不是這樣的……剛才妳說我的滿口大道理「對自己來說無關緊要」，現在我也要奉還這句話。妳這是女性的大道理喔！

B子 咦，這怎麼說？

二村 如果「性愛就是男人用自己的陰莖來取悅女性。」是既定觀念，那麼，我就會想試試「我的陰莖能否取悅每一位女性」？這套用到商務人士身上也說得通。好比說，金錢是權力的象徵，同時也是陽具的象徵。當然，金錢會透過能量的流動來循環；但另一方面，過去也曾有過「錢幣就是權力」的說法，而這樣的說法一直留存到現在。例如，「擁有金錢的人在社會上受人景仰」就成了「權力」；而「擁有權力的人」就會想去使用它。

B子 總覺得這段話聽起來又是滿口內容空洞的大道理……（笑）。也就是說，渣男從來沒想過要和女性建立關係嗎……？

二村 不，我們是想取悅女性喔？

B子 所以說，你們運用陰莖這項權力來取悅女性，卻「不需要由此產生的關係循環」嗎？

二村 與其說是不需要，倒不如說我們沒想過要「接受」……。

B子 為什麼？

二村 如果是有錢人，就會覺得「我想要更多的錢……」；而渣男則是會想著：「我想要跟更棒的女人做……」

B子 這簡直就像是活在兩個完全不同的世界……總覺得很可悲。首先，知道渣男「不會想擁有關係循環」，與其說感覺很新鮮，不如說這成了我了解渣男的第一步。我原本以為只要人與人之間有了連結，就會產生關係的循環或溝通，會想要與他人建立關係是很理所當然的事。

二村 對渣男而言，既然有付出，就該獲得獎勵。例如，和他做過的女性是「非常棒的女人」，跟許多女性做過愛的男人在男性社會則會得到高地位的「勳章」。

B子 這真的是有給有得嗎？剛剛才說「沒想過要接受」，卻隨心所欲地領取男性社會的功績，而不是接受女人的愛。總覺得渣男只看得到自己，把當作對象的女性視為不存在。

二村 或許是這樣吧。因為我們從未想過，在得到對方之後「愛要有給有得」。再說，女性「愛著你」的「愛」讓人無法信賴。那會變得太沉重。

B子 是這樣嗎？常聽到「太沉重」這樣的說法；不過，說愛無法信賴，這是渣男都會有的內心空洞嗎？

二村　這個嘛……不，或許不是無法信賴，而是信賴過頭才變得沉重。總覺得好像有什麼被剝奪了……。

B子　覺得好像有什麼被剝奪了嗎？

二村　被父母剝奪了某樣東西……或許是「情感」被剝奪了。以「愛你」為名的剝奪或壓抑。感到自己哪裡也去不了，才會有「我很沒用」的無力感。如果能脫離以愛為名的父母的掌控，就有辦法靠自己到達想去的地方，讓自己覺得自己是個「能夠掌控自我、獨當一面的大人」。所以，才會想跟有了關係的女性進行切割。但是，渣男無法一直維持切割的狀態，因而又想接近女人……。

B子　「被父母剝奪了情感」嗎？……所以，才會利用「性愛」來剝奪女性的情感。原來如此，這是報復吧。

二村　我這麼說可能像是辯解，不過，被父母剝奪了情感的女性也會利用「常識」或「以愛為名（若由我來說的話，是以戀為名）的憎恨」來剝奪男性的情感。彼此都在做同樣的事，對父母進行報復。只在彼此身上看到父母，根本沒有看到對方本身。

渣男想逃離關係的原因

B子　說起來，渣男為何會想跟那麼多人做愛呢？

二村　首先，就是覺得做愛很快樂。與其說是行為本身，不如說是「藉由行為得以進入對方的內心」這件事讓人覺得快樂。渴望一窺不同人的內心。

B子　嗯……前提不一樣呢。像我是「為了加深和交往對象之間的關係，所以想要做愛」，而渣男則給人「因為關係是白紙狀態，所以想藉由做愛來得知對方的內心」的感覺。

二村　像這樣進入陌生對象的內心，並攪亂她的心，就是期望能夠聽到對方說出「跟你做愛感覺真棒」這樣的話。

B子　哇……這該說是任性，還是目中無人呢？（笑）真是個教人有點難以想像的世界……話說渣男看似喜歡女人，卻完全不懂得珍惜女性，渣男其實相當討厭女性吧？

二村　在心底深處確實懷著憎恨。這可能跟對父母的憎恨有關。

B子　透過性愛進入對方的內心，究竟會有什麼樣的感覺？

二村　會有對方因為我們的掌控而「受到影響」的實際感受。看到對方的心受到動搖，真的很令人開心。不過，越是感受到對方的動搖，也會越感到害怕。一開始先讓對方喜歡上自己，但隨著對方所投入的情感越深，反而會感到不自在而想逃走……這很矛盾吧。

B子　真的是太過分了！這根本不是人了（笑）。不止是我曾提到的渣男前男友，對於讓所有男人「逃走」這件事，我非常敏感又氣憤。為何會想逃走呢？

二村　「因為不希望就這樣結束」吧……。

B子　什麼？關係不是從這裡才要開始的嗎？

二村　沒錯。對等的關係本來是從這裡開始的，但是若身陷漩渦之中，就不會這麼想了。害怕被對方過度依賴，所以才會想逃走。因為這樣就無法跟其他不同的人做愛了。

B子　真是夠了。你說的這些話實在有夠像是孩子在耍任性……。

二村　就我個人而言，從小在不缺金錢物質的環境中，被像男人般強勢的母親所養育，且家裡有包括幫傭在內的眾多女性，可說是在充滿母性的環境中備受寵愛，根本沒有長大成人的必要。確實是個名符其實的「孩子」。但我很想從這樣的環境逃出去，所以，才會覺得和許多女人做愛能帶給自己「長大成人」的感覺。

B子　說「想要試試自己的力量」，這又回到一開始的話題了呢……（笑）結果兜了一大圈，還是沒有進展……。

二村　會特地「想要試試自己的力量」，這就表示自己認為「自己沒有力量」……因為自己一直都像個孩子。我剛才也曾說過，渣男內心的空洞是「無力感」。

B子　為了填補這份無力感，渣男就利用了我吧。

二村　或許是吧。正因為如此，渣男才會總是看起來很寂寞的樣子，不是嗎？

B子　沒錯，確實看似一臉寂寞。不過，他們的「強勁」也很吸引我。

二村　這還真矛盾。妳為何會喜歡上看似寂寞的人呢？

B子　我並不是看對方好像很寂寞才喜歡上他……或許是在交往過程中看見了他的寂寞，不禁湧現出「想要為他做點什麼」的心情。然而，當自己被對方一再劈腿，又逃避溝通而飽受傷害，就越來越不知道這是怎麼一回事了……。

二村　這樣就能確定彼此的立場是女性為受害者，渣男為加害者，且陷入膠著的狀態。大概是這樣，男人才會急著逃離這段關係吧。

B子　跟二村先生聊過之後，我才發覺渣男原來也是被父母挖了一個內心空洞的「受害者」。

渴望和父親有肯定情感的交流

二村　當然，我對於傷害到女性們感到很抱歉。不止是B子小姐而已，在向過去曾被我傷害過的女性們道歉後，我有句話想說。

B子 嗯。

二村 這就像是「過河拆橋」。渣男認為「和許多女性做愛是一種功績」，結果卻在和不同的女人玩樂後，突然有一天被當成重大罪犯（笑）。當然，他們在和女人玩樂時還是會抱有一絲罪惡感；然而，這份罪惡感有時嘗起來就像蜜一般。我這麼問可能會稍微受到責備，但在此還是想要請教代表牽扯上渣男的女性的B子小姐一件事……。

B子 請說。

二村 B小姐在被渣男傷害後，得到了「受害者立場」。這表示妳也得到了譴責他的「正當性」。那麼，當妳在譴責渣男時，究竟是在譴責他哪一點呢？

B子 啊……因為被傷害而得到被害者立場和正當性……我以前都沒有注意到這件事。我會譴責渣男哪一點呢？

二村 我認為除了渣男之外，應該還有其他該譴責的對象。我曾做過實驗，當女性對我發怒時，除了我本身所做的壞事之外，總覺得對方似乎也在對別件事生氣。

B子　這樣啊……（稍作思考後）會是父親嗎……？

二村　啊，是父親。

B子　我的父親動不動就會逃避責任。無論是對家庭、母親，還是包含我在內的孩子們。雖說有時也會有為了工作或應酬而不在家這類物理性的逃避；不過，他在情感上的逃避似乎更為強烈，從我小時候就可以感受得到。充滿了寂寞和悲傷。完全無法進行情感的交流。我對此感到十分氣憤，在不知不覺中就對父親不抱任何希望，心想：「爸爸完全不願意接受我。」

二村　你們不會吵架嗎？

B子　我們常會有口頭上的爭吵。

二村　爭吵時沒有情感的交流嗎？

B子　雖然沒有，不過有點不一樣。我們只是在宣洩彼此的不滿而已。從來沒有針對不滿坐下來好好交談，就此化解誤會，做到「相互理解」或「相互諒解」。每次到最後總是以爭吵作結，之後就將其視為禁忌，不再去碰觸。話雖如此，父親倒也不是完全不愛我。我可以感覺得到，我之所以能過上自己喜歡的生活，就是因為有父親付出他極大的愛在守護著我。但是，他從來沒有用具體的言語或行動來展現「他愛我」這件事。我想譴責的、直到現在仍在尋求的，或許就是這件事。

二村 你渴望擁有肯定情感的交流吧。渣男可以透過性愛來進行交流，然而一旦被追問，或被要求要有情感的交流，就會摀住耳朵逃走。你父親也逃走了。所以，你其實是在對同一件事。

B子 的確是這樣。我到現在才發現。

渣男的自由自在令人羨慕

二村 關於喜歡上渣男的理由，妳曾說過是因為被他們的「寂寞」和「強勁」所吸引。

另一項的「強勁」指的是什麼呢？

B子　應該說是「強勁的生命力」吧。總是充滿幹勁、不會停下腳步，活力滿點。雖說自己也曾被傷害過，但另一方面也覺得這種強勁的生命力很棒。

二村　妳很想要渣男的生命力，覺得很羨慕嗎？

B子　沒錯，我很想變成那個樣子。

二村　「交往」會讓人有「只要從對方那邊獲得能量，自己也能變得跟對方一樣」的錯覺。當自己的生命力變得強勁後，妳想變成什麼樣子呢？

B子　我覺得只要有強勁的生命力，不管什麼事都可以做到。讓人有變萬能或自由的感覺。啊，我或許是對渣男的「自由自在」感到羨慕吧。即使做了不符世間常理的事，依舊活得坦蕩蕩。

二村　原來妳想變得像渣男那樣自由自在。呃，若從本質上說起，渣男並不是自由自在的。妳剛才說道「渣男欠缺身而為人的常識」；但事實上，B子小姐也「渴望成為脫離常識的人」吧。

B子 就算無法脫離，至少能在常識之下獲得自由。我很羨慕渣男的自由自在，但也認為這樣是無賴的行為。不惜踐踏他人的內心，也要讓自己的自由或欲望得以實現，這真的很奇怪。

二村 妳說得沒錯……不過，「無賴」這句話倒是讓我印象深刻。「想從常識中獲得自由，卻又不想脫離。」「自己很想這麼做卻辦不到，很羨慕辦得到的人，但是自己還是無法做到。」真的很錯綜複雜呢。

B子 我在心情上就是這種感覺。的確很錯綜複雜。

二村 我認為從這裡似乎可以找到有關現代女性的痛苦、壓抑，以及難以自我接納的線索。「不可為了讓自己變幸福而推開他人」，這是出自和母親之間的關係或壓抑吧……。

B子 嗯……這我倒不是那麼清楚……即使和二村先生聊過，不過像是「想擾亂他人的心」、「想和不同的女人做愛」，或「所謂的交往，就是確保有個可以做愛的女人」等這種一般人不敢說出口的話，想不到你竟然可以若無其事地說出來。

二村　真的很抱歉……我實在太不要臉了，對不起。

B子　剛開始聽到時，我還想說這個人未免太過分了，簡直毫無人性。而且到現在也還是這麼認為（笑）。不過，另一方面也感到很羨慕，竟然有人能如此自由地說出自己想說的話。話雖如此，我既不想成為會為了自己的方便而不惜去傷害他人的人，也不想和不同的男人做愛或交往。我想要的並不是這種自由，該怎麼說呢……比較像是「能夠坦然面對自己的心情」這種感覺吧。

二村　B子小姐沒有坦然面對自己的心情嗎？

B子　我自己也不是很清楚……至少我在心裡所想的，無法就這樣直接說出口或是直接採取行動，也無法完全照自己的意思來過活。

二村　以前就常有人這麼說，女性本來就「對自己的欲望一無所知」。這裡所說的欲望，不是指那些想要男友、想要結婚、想要珠寶飾品，或是想要去旅行等簡單易懂的表面欲望，而是成為這些欲望源頭的基本欲望。

B子　如果扣除你所說的這些欲望，我好像真的不知道自己究竟想要什麼……

二村　我個人認為女性的欲望是「自己被需要」。希望自己心儀對象的陰莖永遠只會朝著自己勃起。

B子　啊，聽你這麼一說，似乎真的是這樣，所以我才會和渣男交往（笑）。自己心儀對象的陰莖若是朝著其他女性勃起，確實會讓人勃然大怒。非得朝著自己勃起，才會教人安心。

二村　我們再回到「對渣男的自由自在滿懷憧憬」的話題，還請B子小姐更具體地描述妳所追求的「自由」。

B子　這個嘛……（稍作思考後）除了「可以不用顧及他人的心情，盡情地說出自己想說的話，去做自己想做的事」之外，我就想不到其他的了……如果可以做到，應該會很輕鬆吧……。

察覺到自己會傷害到他人的可能性

二村　我想再問妳一個問題，可能又會讓妳感到不悅就是了。B子小姐真的認為自己「完全沒辦法做到不顧及對方的心情，自顧自地說出自己想說的話，去做自己想做的事」嗎？我認為人只要活著，不可能完全不給他人添麻煩或完全沒有傷害到人。受到某人傷害的人，有可能會去傷害別人；傷害到某人的人，也有可能被別人傷害。B子小姐或許受到做事隨心所欲的渣男的傷害，不過，對於他人又是如何呢？

B子　我從沒想過這件事……這麼說來，我好像很常傷害到我的女性朋友。

二村　可以說得更具體一點嗎？

B子　在和女性朋友的關係中，我比較像是高高在上。沒遵守約定也不會覺得怎樣。例如常常遲到，或是會因為自己的行程和心情輕易改期。甚至會為了突然有機會可以去見男友，而臨時取消早就跟女性朋友約好的聚會。當然，我都有好好地道歉，不過，也曾因為這樣而搞壞和朋友之間的關係。

二村　原來如此……說到這個，迷戀渣男的女性，對於那些喜歡自己而又令人感覺無趣的男性，也常常會這麼做呢。

B子 啊，說不定我也曾這樣子過。因為和渣男分手後，大多會找類型完全相反的認真型男人交往；而那個時候，的確是我比較常去傷害到對方。

二村 話說被妳臨時取消約定的女性朋友們，她們不曾生氣過嗎？

B子 她們也曾生氣過……哇，我突然想起來了。我最近遭到女性朋友的嫉妒呢。

二村 我也常常遭到嫉妒。

B子 有好幾位女性朋友看到我和其他朋友感情很好，就對我吃醋。

二村 當B子小姐得知這件事時，是怎麼想的呢？

B子 我當時心想：「妳們這樣說，我又有什麼辦法……妳們又不是我的戀人！」明明是朋友，真不知她們為何會說這樣的話。我原本就喜歡男性，既不會和女性交往也不會和女性結婚，所以也不會有要在兩邊做抉擇的問題。實在搞不懂她們到底在說什麼。

二村 她們應該不是女同志吧？

B子　不是。她們好幾個人都有男友，大家喜歡的對象也都是男性。我和她們只是普通的女性朋友。

二村　不好意思，如果是我遭到女性嫉妒，也會想著同樣的事……實在搞不懂她們到底在說什麼。

B子　不過，渣男不都是到處跟人做愛、交往的嗎？這跟我和女性朋友之間的問題不大一樣吧……

二村　在本質上是相同的。我這麼說可能又會讓妳覺得我想用大道理矇混過去……兩者的不同之處僅在於是否有「性別差異」、「戀人」、「交往」、「結婚」或「性愛」等詞彙的介入。只是對方被傷害到的地雷區不同而已。說什麼「因為是朋友，應該不會嫉妒」，如果認真思考，這也是很奇怪的一句話吧？男性在商場相互嫉妒時有所聞，不會有「這種關係應該會嫉妒，那種關係應該不會嫉妒」的情形。

B子　說得也是。

二村　這跟性愛的欲望沒有關係。因為只要是人都會有「愛戀」。妳的女性朋友戀上了妳。就像妳對渣男的自由自在有所憧憬而戀上他們，她們也是憧憬妳的某項特質而戀上妳。如同B子小姐會對身為渣男的男友感到嫉妒，我想她們也是用同樣的心情對妳吃醋吧？

B子 看似有關又好像無關，這種感覺真是奇妙……看來我是對她們做了和渣男一樣的事呢……。

二村 妳覺得自己做了什麼呢？

B子 我不知道……但是，我會好好去思考的。

二村 在這裡或許就潛藏著得以解開B子小姐對渣男的愛戀、嫉妒或憎恨等情感的線索喔。

B子 以前，我只看見自己被渣男傷害的部分，滿腦子只顧著想著：「該怎麼做才能夠讓渣男有所改變？」而就在剛剛，我才察覺到「自己對渣男的自由自在有所憧憬」。真沒想到我竟然也對女性朋友們做了和渣男一樣的事。這讓我感到有點吃驚，可能也有點受到打擊……。

二村　妳不需要有罪惡感。誠如我剛才所說，人只要活著，一定會給他人添麻煩或傷害到人。妳只要能察覺到這件事就可以了。

渣男總是壓抑著內心的嫉妒

二村　我認為人會有「自己在意的人」，都是因為從對方身上看到了自己的投影。所以會戀上渣男的女性，其「內在」或許也是跟渣男一樣的，只是表現的方式完全相反而已。而渣男或許也跟B子小姐、妳的女性朋友，或迷戀渣男的女性們一樣依賴心強、愛嫉妒，當情感變得泥濘不堪時，就會想仰賴他人活下去。

B子　渣男也會嫉妒？如果是這樣，現在的我會覺得很高興。

二村　我是到最近才察覺到自己會對女性吃醋。我今年都已經五十歲了啊（笑）。

B子　這意思是說，你以前從未吃醋過嗎？活得還真是輕鬆啊。像我老是被自己的嫉妒心耍得團團轉。

二村 以前確實活得很輕鬆。覺得處在戀愛中的女性很難搞又難纏。不過，她們肯定也像B子小姐和妳的女性朋友們那樣，因為不想被心懷嫉妒的自己耍得團團轉，而裝作沒這回事，做了虛假的自我肯定吧。看到戀上我的女性像發瘋似地嫉妒著我，我想我自己勢必也抱有同樣的情感吧。而我直到最近才察覺到這件事（笑）。

B子 總覺得我好像解開了自己會對渣男感到違和或不自然的謎題。渣男他們總是壓抑著內心的嫉妒吧……所以才會看起來好像很寂寞的樣子。

二村 這或許是在小時候就切割了嫉妒的情感。但這份情感仍會不斷湧現而出，某些類型的女性看了就會覺得對方好像很寂寞而萌生戀意。所以說，B子小姐所嚮往的渣男的「自由自在」，可能就是妳在童年時期渴望擁有的東西；而妳從渣男身上所看到的「寂寞感」，可能就來自於妳在童年時期的寂寞。

B子 嗯，說得對。我原本以為自己和渣男是截然不同的人種，了解到其實我們有很多相似之處後，我現在的心情實在很複雜。

結語

因為我不厭其煩地一直說著「要自我接納！要自我接納！」可能會有讀者在閱讀的過程中，心存自我否定地想著：「像我這種無法自我接納又自戀的女人，根本是個糟糕的女人……。」

然而，在這個世上，是沒有任何人能做到百分之百自我接納的。

一談戀愛，「女性就會越來越痛苦」。我也在前面說過這樣的話。但是，我並不是要各位「禁止談戀愛」。

談了一場痛苦不堪的苦戀，因而得知自己內心的空洞，並開始懂得去愛人，也稍微「能夠自我接納」。妳所談的苦戀，具有這些意義。

所以，就算不小心陷入戀愛之中，也不要讓自己被這段戀愛束縛住。會因為「受戀愛的束縛」而感到快感的人，就要知道，其實是妳「內心的空洞」在尋求這份快感的。

認為苦戀「雖然痛苦卻充滿快感」是一種迷信。

反倒是「轉變成愛的戀」，更能夠帶來好幾百倍的暢快。

我也曾說過：「你們內心的空洞，彼此都是一樣的。」

「妳所戀上的對象之所以會讓妳受苦」，這的確是對方的內心空洞所造成的。

不過，就算妳對他說「要好好看清楚自己內心的空洞！」或是說：「你老是抱持虛假的自我肯定，實在令人火大！」又或者是叫他讀這本書，也不會有任何轉變。

跟他「講道理」是行不通的。

因為對他說這些話的妳並不是真正愛他，只是迷戀著他。是潛藏在妳內心深處「其實想要支配他」的想法，讓妳這麼說的。所以，在這樣情況下所說出口的話，絕對沒有辦法傳達給對方。

自我接納是無法「靠他人來達成」的，哪怕是另一半也無法。

我們可以抓住對方內心的空洞，「使他萌生戀意」。有很多人都是這麼做。

但是，我們無法「勉強對方去愛」。

請儘可能去愛人。而自己無法去愛的對象，請儘可能離他越遠越好。

因為不是妳所遇到的所有人，「都有辦法去愛」。

然而，不管再怎麼說，「充滿愛的人生」、「能夠自我接納、肯定對方的人生」還是比較好。

我不是在說漂亮話，人正是要這麼做才能「活得輕鬆快樂」。

但願有更多的女性得以輕鬆愉快地享受戀愛和性愛。

二〇一一年二月一二日　二村仁

寫給男性讀者的結語

我要對男性讀者說的話，跟告訴女性讀者的話一樣。即使你一心想拯救她、拚命灌輸她本書所寫的事，也起不了任何作用。因為在你心底仍抱持著「想要支配她」的想法。

當你終於「看清」對方內心的空洞，就表示在你內心也有一個相似的空洞。

女性在「戀愛或性愛中所受到的痛苦」，不單只是女性的問題。要讓她們能夠「去愛男人」、「被男人所愛」，男人們也得做到自我接納（而非虛假的自我肯定）才行。

至於具體的做法，我將會寫在另一本書中。

我主修傷心的戀愛：
為何越受傷，越想愛；越被愛，卻越想逃？
なぜあなたは「愛してくれない人」を好きになるのか

作者	二村仁
譯者	林仁惠
執行編輯	顏妤安
行銷企劃	李雙如、謝珮菁
封面設計	謝佳穎
版面構成	呂明蓁
發行人	王榮文
出版發行	遠流出版事業股份有限公司
地址	臺北市南昌路 2 段 81 號 6 樓
客服電話	02-2392-6899
傳真	02-2392-6658
郵撥	0189456-1
著作權顧問	蕭雄淋律師

2020 年 5 月 31 日 初版一刷
定價 新臺幣 350 元

ISBN 978-957-32-8757-5
遠流博識網 http://www.ylib.com
E-mail ylib@ylib.com
（如有缺頁或破損，請寄回更換）

圖書館出版品預行編目 (CIP) 資料

我主修傷心的戀愛：為何越受傷，越想愛；越被愛，卻越想逃？/ 二村仁著；林仁惠譯. -- 初版.
-- 臺北市：遠流，2020.05　面；　公分
譯自：なぜあなたは「愛してくれない人」を好きになるのか

ISBN　978-957-32-8757-5(平裝)
1. 戀愛　2. 兩性關係

544.37　　109004387